하나님의 절대주권과
인간의 책임

**하나님의 절대주권과 인간의 책임**

지은이 문태주
펴낸이 안용백
펴낸곳 (주)도서출판 넥서스

초판 1쇄 발행 2010년 8월 25일
초판 2쇄 발행 2010년 8월 30일

출판신고 1992년 4월 3일 제311-2002-2호
121-840 서울시 마포구 서교동 394-2
Tel (02)330-5500 Fax (02)330-5555

ISBN 978-89-6000-970-7   03230

저자와 출판사의 허락 없이 내용의 일부를 인용하거나
발췌하는 것을 금합니다.

저자와의 협의에 따라서 인지는 붙이지 않습니다.

가격은 뒤표지에 있습니다.
잘못 만들어진 책은 구입처에서 바꾸어 드립니다.

www.nexusbook.com
넥서스CROSS는 (주)도서출판 넥서스의 기독 브랜드입니다.

# 하나님의 절대주권과 인간의 책임

문태주 지음

넥서스CROSS

들어가는 말

# 어메이징 그레이스

"지금의 나는 하나님의 은혜로 된 것이므로 내게 베푸신 그분의 은혜가 헛되지 않습니다. 나는 다른 사도들보다 더 열심히 일하였습니다. 그러나 그 일은 내가 한 것이 아니라 나와 함께하시는 하나님의 은혜로 한 것이었습니다"(고전 15:10).

"우리 주 예수 그리스도께 감사를 드립니다. 그분은 나를 충성된 자로 여기시고, 그분을 섬길 수 있도록 하셨으며, 필요한 힘까지 주셨습니다. 예수님을 만나기 전에 나는 그리스도를 욕하고 핍박하며 온갖 방법으로 믿는 자들을 괴롭혔습니다. 그러나 하나님께서는 내게 자비를 베푸시고 내가 한 일들을 용서해 주셨습니다. 왜냐하면 그것은 내가 믿지 않던 때에 모르고 저지른 일들이기 때문입니다. 주님의 은혜가 나의 마음 가운데 가득 차고 넘쳤습니다. 그 은혜와 함께 그리스도 예수 안에서 믿음과 사랑도 내 속에 솟아났습니다"(딤전 1:12~14).

## 아무도 피할 수 없는 죽음

《손자병법(孫子兵法)》은 중국의 손무(孫武, BC 535~480)가 쓴 것으로, 병법서로서의 권위를 세계적으로 인정받는 고전이 되었습니다. 이 책은 머리로 쓴 것이 아니라 발로 쓴 것으로도 유명합니다. 손무는 전쟁이 극렬했던 중국 대평원의 격전지들을 직접 다니면서, '왜 여기서는 누가 이기고 누가 졌는가? 승리의 비결은 무엇이고, 실패의 원인은 무엇인가?' 하는 것을 연구 분석하여 책을 썼습니다. 그가 쓴 병법서 마지막 부분에 다음과 같은 짧은 시가 기록되어 있습니다.

"춘초연년록(春草年年綠) 왕손귀불귀(王孫歸不歸)"
봄 풀은 해마다 푸르른데 한 번 간 왕손은 돌아오지 않는다.

2009년도 한국에 세 개의 큰 별이 떨어졌다고 합니다. 김수환 추기경과 노무현, 김대중 두 전직 대통령이 돌아가셨습니다. 한국 대통령이란 한국인이 꿈꿀 수 있는 최고의 권세와 영화로운 자리입니다. 그러나 대통령도 죽습니다. 스스로 죽었든 명대로 살다가 갔든, 대통령이든 평민이든 다 가야 합니다. 인생에서 죽음이란 가장 확실한 보증수표이며, 아무도 피할 수 없는 것입니다. 모두 다 때가 되면 가야 합니다. 따라서 죽음 앞에서 보면 인간이란 다 불쌍한 존재들입니다.

저는 캐나다의 수도에 있는 오타와한인교회를 20여 년간 담임하다가, 지난 2008년 12월부터 뉴질랜드의 가장 큰 도시인 오클랜드에서 살고 있습니다. 제가 섬기던 교회가 오타와 지역에서는 가장 크고 오래된 교회였기 때문에, 한국에서 소위 높은 사람들이 오면 자리를 같이 하는 경우가 자주 있었습니다. 대통령들이 캐나다를 방문할 때마다 함께했습니다. 노태우 씨, YS, 그리고 DJ가 왔을 때도 초대받아 자리를 같이 했습니다. 특히 DJ가 오타와를 방문했을 때는, 우리 테이블에는 수석 비서관들과 교민 대표들이 앉았고, DJ 부부는 바로 옆 테이블에 나란히 앉아 만찬을 했던 기억이 납니다. 그러나 "왕손귀불귀" 한 번 간 왕손도 대통령도 다시 돌아오지 않습니다.

구약 에스더서에 지금의 이란, 즉 페르시아의 왕 아하수에로가 등장합니다. 에스더는 바로 이 왕의 왕비가 됩니다. 아하수에로의 그리스식 이름은 크세르케스(Xerxes, BC 486~465)인데, 이 왕은 일반 역사에서도 높이 평가받는 인물입니다. 기원전 5세기에 아하수에로는 당시 세계를 지배했던 막강한 정복자였습니다. 그의 영토는 지금의 이라크와 터키, 팔레스타인과 이집트, 인도 북부와 파키스탄, 아프가니스탄, 나아가 대부분의 그리스까지도 점령을 했습니다.

아하수에로 왕이 주변 나라를 거의 다 정복하고 그리스를 먹기 위해 대군을 거느리고 아테네를 향해 진격해 들어갈 때 있었던 일입니다. 아테네를 눈앞에 두고 헬레스 폰트 지역에서 마지막으로 전열을 가다듬기 위해 전군을 사열했습니다. 역사의 아버지라고 불리는 그리스의 역사가 헤로도투스(Herodotus, BC 484~425)는 이때의 장면을 다음과 같이 생생하게 전해 줍니다.

헬레스 폰트 해협이 무수한 군선으로 꽉 들어차고, 아비도스 평원에 수십만의 자기 군사들이 가득 찬 것을 보면서 아하수에로 왕은 이렇게 말했습니다. "나는 이 세상에서 가장 행복한 사람이다." 그리고는 매우 호탕하게 웃음을 터트렸습니다.

그러더니 조금 후에 갑자기 울기 시작하는 것이었습니다. 이상히 여긴 신하가 왕에게 조심스레 물었습니다. "대왕이시여! 조금 전에 전하께서는 스스로를 천하의 최고 행운아라 하시면서 웃지 않으셨나이까? 그런데 왜 갑자기 이토록 슬피 우시는 것이나이까?"

아하수에로 왕이 말했습니다. "그렇다네. 나는 이 세상에서 최고로 성공한 행복한 사람이네. 그런데 내가 이 군대를 다 열병하고 나니 슬픈 생각이 드네. 인생의 성공과 실패가 무상하고 인간들이 불쌍하다는 생각이 들어 가슴이 아프네. 100년만 지나도 이 중에 살아 남을 자가 도대체 몇이나 되겠는가?"

자신의 성공 앞에서 슬퍼할 줄 알았던 황제, 성공의 최정상에서 죽음이 있음을 생각할 줄 알았던 그는 참으로 지혜로운 사람이었습니다.

### 죽음 앞에서 어찌 살아야 하는가

죽음은 아무도 피할 수 없는 것. 죽음은 철저히 외로운 것. 인생이란 '공수래공수거(空手來空手去)'. 빈 손으로 왔다가 빈 손으로 가는 것. 우리는 이 죽음의 절대성

앞에서 어떻게 살아야 합니까? 어찌 살아야 죽음의 허무를 극복할 수 있습니까?

먼저 죽음 앞에서 보는 인간의 문제란 소유가 아니고 존재의 문제임을 생각하게 됩니다. 얼마나 가졌느냐, 누렸느냐가 아닙니다. 어차피 다 놓고 가야 할 인생이기 때문에 어떤 인간이냐, 어떻게 살았느냐가 더 소중한 것을 깊이 깨닫게 됩니다. 그리고 고귀한 존재됨의 중심은 어떤 원리를 가지고 사느냐에 달려 있습니다. 즉 왜 사는가? 삶의 의미와 목적이 무엇인가? 나아가 그 목적에 이르기 위해 어떤 원리를 가지고 사는가 하는 것이 중요합니다.

당신의 인생을 움직이는 중심축, 즉 원리(Principle)는 무엇입니까?

이 문제를 사도 바울의 삶을 통해 생각해 봅시다. 사도 바울은 히브리의 종교, 로마의 법, 그리고 헬라의 철학을 다 섭렵한 당대 최고의 지성인이었습니다. 그는 베냐민 지파 출신의 정통 유대인이었습니다. 또한 바리새인으로서 당대 최고의 스승인 가말리엘 문하에서 수학한 유대교의 최고 엘리트 종교 지도자였습니다. 그런 그가 예수를 믿고 돌이켜 가장 위대한 예수님의 제자 중 하나가 되었습니다. 역사상 예수님을 가장 많이 닮았던 사람이라 해도 지나침이 없을 것입니다. 그는 무엇보다도 원리 중심의 삶(Principle-Centered Life)을 살았습니다. 그의 삶과 인격을 움직인 중심 원리는 무엇일까요? 바울 같은 거목의 삶을 한두 마디로 요약한다는 게 결코 쉽지 않을 것입니다. 또 이런 시도는 무리수를 둘 수 있는 위험이 있다는 것도 잘 압니다. 그러나 용기를 가지고 말해 본다면, 그것은 바로 은혜의 원리(Principle of Grace)였다고 하겠습니다.

### 나의 나 된 것은 하나님 은혜

은혜가 바울을 움직인 삶의 중심 원리였다고 생각합니다. 바울은 은혜의식이 중심 된 삶을 살았습니다. 바울 영성(Paul's Spirituality)의 핵심은 은혜입니다. 고린도전서 15장 10절에 바울의 신앙 간증의 주제가 나옵니다. 여기에 하나님 앞에서의 자기존재, 즉 영성의 핵심 원리가 나타나 있습니다. "나의 나 된 것은 하나님의 은혜다." 이 고백은 하나님의 절대주권 아래 숨쉬고 사는 존재인 것을 인정하는 것입니다. 하나님의 용서하심과 사랑이 있어서 내가 사는 것이란 말입니다. 디모데전서 1장 12절부터 14절까지를 보면, 바울은 자신의 현재와 과거를 비교하고 있습니다.

"나를 능하게 하신 그리스도 예수 우리 주께 내가 감사함은 나를 충성되이 여겨 내게 직분을 맡기심이니"(12절, 개역개정).

오늘 현재 주님이 내게 맡긴 직분이 있습니다. 이로 인해 바울은 감사하고 있습니다. 그런데 그의 과거는 어떠했을까요? "내가 전에는 훼방자요 핍박자요 포행자이었다"(13절). 어두운 과거, 부끄러운 과거가 있었습니다. 그러나 지금은 감사합니다. 14절에서 그 이유를 밝힙니다.

"우리 주의 은혜가 그리스도 예수 안에 있는 믿음과 사랑과 함께 넘치도록 풍성하였도다."

풍성이란 빈틈이 없이 꽉 찬 상태를 뜻합니다. 그런데 "주의 은혜가 넘치도록 풍성하다"고 했습니다. 차고 넘치는 은혜를 말하고 있습니다. 이런 하나님의 은혜를 알아야 삶에 감사가 있고 기쁨이 있습니다.

그리스어는 매우 철학적인 언어입니다. 각 단어뿐만 아니라, 단어와 단어 사이에도 깊은 연관성과 의미를 가집니다. 그리스어에서 은혜, 감사, 기쁨이란 세 단어의 어원이 같습니다: 기쁨(Xara), 은혜(Xaris), 그리고 감사(Euxaristos). 이 세 단어는 서로 깊은 연관성을 가집니다. 감사와 기쁨이란 은혜의 샘물에서 흘러 나오는 두 줄기의 물과 같습니다. 은혜를 알면 감사하게 되고, 또 기쁨이 있습니다. 그러나 은혜를 모르면, 감사도 기쁨도 따라오지 않습니다. 사람이란 하나님의 은혜로 사는 것입니다. 이 은혜를 알아야 합니다.

### 나의 나 된 것도 하나님 은혜

저는 1997년도에 오타와 한인교회로부터 안식년을 얻어 밴쿠버에 있는 리젠트신학대학원에 객원교수(Visiting Scholar)로 재직한 일이 있었습니다. 그 학교에서는 객원교수에게 세 가지의 특전을 부여했습니다. 먼저, 정교수에 준하는 대접을 해주었습니다. 전용 사무실을 주고 교수회의에 참석할 뿐 아니라, 학교의 모든 시설물을 자유롭게 쓸 수 있게 했습니다. 마침 제 사무실은 세계 복음주의 신학자의 장로 격인 제임스 패커(J. I. Packer) 교수 오른쪽 옆방에 있었고, 바로 앞에는 영성신학자로서 목사를 위한 목사라 불리는 유진 피터슨(Eugene Peterson) 교수가 있었습니다. 그리고 왼쪽으로 한 방 건너 구약학자 부르스 월키(Bruce K. Waltke), 그 옆에 신약학자 고든 피(Gordon D. Fee)가 있었습니다. 이름만 들어도 가슴이 떨리는 세계적인 거장들과 거의 매일 만나고 종종 점심을 같이 하며 대화할 수 있었던 기회는 제 인생에 있어서 가장 복된 여정 중 하나였습니다.

다음으로는 방문교수로서의 자격 조건인 연구 테마를 학교의 모든 자료를 자유롭게 사용하면서 준비할 수 있도록 선처해 주었습니다. 그리고 마지막으로, 학교에서 행해지는 모든 강의와 행사에 프리패스할 수 있는 기회를 주었습니다. 제가 그곳에 있는 동안 특히 두 교수의 강의는 하나도 빼놓지 않고 열심히 들었습니다. 영성신학 지도교수인 피터슨과 조직신학을 가르치는 패커 교수입니다. 특히 패커 박사는 강의를 시작할 때마다 찬송을 부르게 했습니다. "만복의 근원 하나님"(Praise God, from Whom all blessings flow)이란 예배송입니다. 그 이유는 모든 신학의 목표는 결국 하나님께로의 영광이기 때문이라고 했습니다.

저는 2009년 제2학기부터 오클랜드에 있는 Laidlaw College(구 New Zealand Bible College)에서 설교학(Biblical Preaching) 강의를 시작했습니다.

저 역시 강의를 시작할 때마다 찬송을 부르게 합니다. 〈나 같은 죄인 살리신(Amazing Grace)〉이란 은혜의 찬송입니다. 이 찬송을 부르는 데에는 두 가지 이유가 있습니다.

첫째, 설교란 하나님의 은혜에 대한 확신 없이 할 수 없는 일이기 때문입니다. 설교란 무엇입니까? 일반적으로 설교를 다음과 같이 정의합니다. "설교란 사람이 사람에게 행하는 진리의 의사소통이다."(Preaching is communication of truth by men to men.) 따라서 설교자란 하나님의 진리를 전달하는 메신저입니다.(The messenger of the Truth of God.)

영국의 유명한 목사 마틴 로이드 존스(Martyn Lloyd-Jones, 1899~1981)는 그가 쓴 설교학 고전 《Preaching and Preachers(설교와 설교자들)》에서 설교 사역은 "가장 높고 위대하며 영광스러운 소명"(the highest and the greatest and the most glorious calling)이라고 했습니다. 따라서 우리를 설교자로 부르신 하나님의 은혜를 모르면 설교자의 자격이 없습니다.

둘째, 강의하면서 〈Amazing Grace〉를 부르는 또 하나의 이유는 저 자신의 간증과 고백이 담긴 찬양이기 때문입니다. 제가 뉴질랜드에서 역사와 전통, 그리고 학문적인 면에서 최고라 인정받는 신학교의 설교학 교수가 된다는 것은 사실 꿈에서도 생각해보지 못했던 일입니다.

저는 영국과 미국에서 공부한 후, 캐나다 오타와에서 담임목회를 했습니다. 그런데 2007년도 후반 가정의사(Family Doctor)에게 정기검진을 받는데, 심장에 문제가 있는 것 같다는 진단을 받았습니다. 심장에서 불규칙한 소리가 들리고, 심장근육이 비정상적으로 커져 있다는 것이었습니다.

이 때문에 6개월 동안 여러 명의 전문의들을 통해 심장 부분을 집중적으로 검사했습니다. 그러나 문제에 대한 원인을 발견하지 못했습니다. 혈압, 당뇨, 콜레스트롤 등 다 정상이었습니다. 결국 의사들이 내린 결론은 스트레스가 문제라고 했습니다. 스트레스를 줄이기 위해 무조건 쉬는 게 좋겠다고 권했습니다. 그래서

20년 사역을 내려 놓고, 제2의 고향처럼 살아왔던 캐나다를 떠나 기후가 비교적 온화한 뉴질랜드로 온 것입니다.

원래 제 전공은 설교학이 아닙니다. 미국 보스턴에서 공부하면서 박사 학위 논문을 쓸 때도, 설교학이 아니라 그리스도인 영성(Christian Spirituality)에 대한 것을 전공하고 논문도 썼습니다. 그러므로 목회학(Pastoral Ministry)이나 영성신학(Spiritual Theology) 쪽이면 잘 준비된 부분이라고 할 수 있습니다. 그리고 영국, 캐나다, 미국에서 계속 공부하며 학위를 했지만, 또 그런 과정에서 영어로 설교도 하고 한두 시간 세미나를 인도해 본 일은 있었지만, 긴 시간 영어로 강의해 본 일은 없었습니다.

그런데 하루는 부총장인 휠러(Mederith Wheeler) 박사가 급히 저를 불렀습니다. 갑자기 설교학 교수가 문제가 생겼는데, 그 일을 대신해볼 의향이 있느냐는 것이었습니다. 제가 물었습니다. "어떻게 하면 되겠소?" 그는 제게 두 주간의 시간을 줄 테니 한 학기 강의계획서를 만들어 오면, 그것을 교수회의에서 검토해 보겠다고 했습니다. 비록 설교학 전공도 아니고, 영어로 강의해 본 일은 없지만 강의안을 준비하겠다고 한 것은 오직 한 가지 이유에 근거한 것입니다. 왕이신 하나님께서 만행만사를 다스리신다는 믿음입니다. 이것을 우리는 주권(Sovereignty)이라고도 하고, 섭리(Providence)라고도 합니다. 기회란 하나님이 주는 것이고, 모든 기회 앞에서 우리가 할 일은 최선을 다하는 것이라고 저는 믿습니다.

저는 두 주간 인터넷을 통해 세계 40개 이상의 주요 신학교들에서 시행하고 있는 설교학 영어 강의안을 수집했습니다. 그것들을 비교 분석해 보았더니, 공통점과 그에 따른 문제점들을 찾을 수가 있었습니다. 20대 초반 주일학교로부터 시작하여 지난 35년 이상 설교한 베테랑 설교자의 안목으로 그것들을 검토해 보니 심각한 문제가 있었습니다. 무엇보다도 현재 세계 설교학의 판도가 지나치게 설교에 대한 기술이나 방법론으로 흐르고 있는 것을 볼 수 있었습니다. 다음으로는 도서관에 달려가 100여 권 이상의 설교학 책을 체크한 후, 20여 페이지의 강의계획서를 만들어 부총장에게 제출했습니다.

제가 제출한 강의계획서의 주요 포인트는 다음과 같습니다. "먼저 설교의 텍스트인 성경에 대해 알아야 하고, 다음으로는 설교자로서의 바른 인격과 사람됨에 대한 교훈이 따라와야 하며, 나아가 설교를 듣는 대상으로서의 청중, 현대인들의 정서와 문화에 대한 깊은 이해가 있어야 한다. 그리고 설교에 대한 스킬이나 테크닉은 이 세 가지 바탕(성경, 설교자, 회중) 위에 덧붙여져야 한다." 제 계획서를 읽으며 설명을 들은 부총장은 원래는 이 계획서를 교수회의에 부쳐서 결정하겠다고 했던 사람입니다. 그런데 바로 그 자리에서 오케이했습니다. "이대로 합시다. 당장 사인합시다."

미국의 유명한 설교신학자 로버트 레이번(Robert G. Rayburn) 박사는 젊었을 때 한국전에도 참전했던 역전의 용사입니다. 그는 설교에 대해 다음과 같은 유명한 말을 남겼습니다. "예수 그리스도는 모든 학문의 왕이시고, 설교학은 바로 여왕이다." 신학교의 모든 학문은 궁극적으로 설교를 돕는 것이라 할 수 있습니다. 조직신학, 성경신학, 실천신학, 역사신학 등 결국 다 설교를 위해 있는 것입니다. 이런 설교학을 가르치는 선생이 되었으니 어찌 '어메이징 그레이스'를 노래하지 않을 수 있겠습니까? 그래서 강의할 때마다 맨 먼저 하나님의 은혜를 찬양하는 것입니다.

### 어메이징 그레이스

30대 중반에 캐나다의 수도에 위치한 오타와한인교회의 담임목사로 부임해 왔던 게 얼마 전의 일처럼 생생한데, 벌써 20여 년의 세월이 흘렀습니다. 정든 성도들과의 아쉬운 헤어짐에 눈시울을 적시며 비행기에 오르던 2008년 12월 말, 그날도 오타와 공항은 평소처럼 영하 20도를 오르내리는 강추위를 뿜어내고 있었습니다. 목적지는 남태평양에 위치한 뉴질랜드. 지구를 반 바퀴 돌아 오클랜드에 도착했을 때, 이곳은 정반대로 영상 25도를 넘나드는 여름이 한창 진행되고 있었습니다. 급격한 차이의 기후뿐만 아니라, 큰 변화의 새 삶이 우리 부부에게 다가온 것입니다.

"당신 심장에서 작은 소리가 나며 심장 근육이 늘어나는 이상징후가 발견되고 있소"라는 가정의사의 진단이 있었다고 해도, 오랫동안 섬겨온 교회를 내려놓기가 결코 쉽지는 않았습니다. 그러나 그토록 어렵고 힘들다는 이민목회를 한 교회에서 그만큼 오래했으니, 이대로가 하나님의 은혜라고 생각했습니다. 그래서 모든 것을 내려놓고 기약 없는 나그네로 새 삶을 찾아 뉴질랜드까지 온 것입니다.

20년 이상 살았던 캐나다의 오타와는 겨울이 길고 몹시 추운 곳입니다. 10월 중순부터 4월 말까지의 긴 겨울 동안 영하 20~30도는 흔히 있는 일입니다. 한 해 겨울 평균 4미터 이상의 눈이 내리는 곳에서 살던 저에게 뉴질랜드는 전혀 색다른 별천지일 수밖에 없었습니다. 한 겨울에 하얀 목련을 비롯한 형형색색의 즐비한 꽃들을 보면서, 익어가는 귤과 레몬을 맛볼 수 있다는 것은 짜릿한 감동입니다. 겨울의 한복판에서 고추와 상추를 텃밭에서 따다 먹는 맛이란 둘이 먹다 하나 죽어도 모른다는 울릉도 호박엿과도 비교할 것이 아닙니다.

이처럼 평화롭고 따뜻한 뉴질랜드에 와서 거의 매일 바닷가를 산책했더니 건강이 많이 회복되었습니다. 그래서 다시 제게 주어진 소명을 따라 열심히 일할 수 있게 되었으니 얼마나 감사한지 모릅니다. 백인들 틈에 홀로 끼어 있는 학교생활이지만, 하나님께서 맡겨 주신 일이니 어찌 좋으신 하나님의 은혜를 찬양하지 않을 수 있을까요?

오클랜드에는 2만여 한인들이 살고 있습니다. 그리고 100여 개의 한인교회가 있습니다. 90년 이상의 역사를 자랑하는 Laidlwa College의 최초 한인 신학교수라는 인지도가 높아지면서 한인교회들로부터 설교와 특강 요청이 계속 이어지고 있습니다. 오클랜드 시 북쪽에 있는 Coramdeo Theological Seminary에서도 석사 과정의 학생들에게 다음과 같은 세 과목을 강의하게 되었습니다: Spiritual Disciplines(영성훈련), Christian Education(기독교 교육), 그리고

Four Gospels(사복음서).

　나아가 한인교회와 성도들을 위한 Olive Spiritual Academy(OSA, 올리브영성아카데미)를 개설하고 목회자와 평신도들의 영성훈련 프로그램을 구체적으로 시행할 수 있게 되었습니다. 이 모든 것이 하나님의 놀라운 은혜를 찬양할 수밖에 없는 일입니다.

### 하나님의 절대주권과 인간의 책임

　하나님의 절대주권(God's absolute sovereignty)에 대한 확신이 우리의 믿음과 찬미의 기본을 이룹니다. 성경은 여호와 하나님이 보좌에 앉으사 온 우주만물과 인간 역사를 다스리시되(왕상 22:19, 사 6:1, 겔 1:26, 단 7:9, 시 45:6, 47:8~9, 히 12:2, 계 3:2, 4:2), 세상만사 크고 작은 모든 일에 구체적으로 관여하시어 절대주권을 행사하시는 분으로 소개하고 있습니다(출 15:10, 시 47, 93, 96:10, 97, 99:1~3, 146:10, 잠 16:13, 사 24:23, 52:7, 단 4:34~35, 5:21~16, 6:26, 마 10:29~31). 하나님의 다스리심은 절대적이고 완전하며 영원하십니다. 세상의 그 무엇이나 그 누구도 그분의 뜻을 거스르거나 막을 수 없습니다.

　동시에 성경은 하나님이 창조하신 피조물 중 인간과 천사는 선과 악에 대한 선택의 자유가 있으며, 선택한 행위에 대해 책임져야 할 도덕적(Moral), 이성적(Rational) 존재임을 가르쳐 주고 있습니다. 그리고 절대주권자이신 하나님은 인간의 선한 행위뿐 아니라 악한 행위까지 다스리고 계시며, 인간의 악까지도 자신의 뜻을 이루어 가는 도구로 사용하십니다(창 45:5, 50:20, 합 1:5~11, 행 2:31, 13:26~39).

　그러나 하나님의 절대주권이 우주와 인간 역사 및 개인의 선택에 어떻게 구체적으로 작용하고 있는가 하는 것은 매우 신비로운 일입니다. 우리의 이성과 경험으로 완전히 인식하거나 설명한다는 것은 거의 불가능합니다. 그럼에도 불구하고 이것은 하나님의 성품과 사역을 이해하고, 보다 성숙한 그리스도인의 삶을 이루어 가고자 할 때, 결코 피할 수 없는 주제입니다. 이 책은 신학적으로 가장 난해한 부분 중 하나인 하나님의 절대주권과 인간의 책임에 대해 성경의 가르침을 추적하여 정리하고자 하는 데 있으며, 다음의 세 가지 내용을 중심으로 전개됩니다.

첫째, 하나님 절대주권의 의미와 내용에 대한 이해
둘째, 하나님 절대주권과 인간의 책임 인식
셋째, 하나님 절대주권을 중심으로 한 성서적 세계관 정립

요컨대 '하나님 절대주권과 인간의 책임(The Sovereignty of God & Human Responsibility)'이라는 주제를 둘러싸고 전개되는 하나님의 존재방식과 속성, 사역, 십자가와 구속의 의미, 칼뱅주의와 알미니안주의, 악의 실재와 고난의 문제, 타종교와 과학, 인간의 책임 등 난해하지만 중대한 논제들을 다룹니다. 이 책은 개인 또는 그룹 성경공부를 위한 교재로 의도되었습니다. 개인 또는 그룹으로 성경공부를 하는 모든 분이 '어메이징 그레이스'를 찬양하게 된다면, 제 바람과 기도, 수고의 목표는 온전히 달성된 것입니다.

※ 이 책에 인용된 성경말씀은 〈쉬운성경〉을 기준으로 하였습니다.

# The Sovereignty of God & Human Responsibility

차례

들어가는 말  어메이징 그레이스  _4

**01** chapter  당신이 만난 하나님은 어떤 분인가  _18

**02** chapter  어떻게 삼위일체 하나님이 우리 삶에 관계하는가  _30

**03** chapter  하나님은 어떻게 일하시는가  _44

**04** chapter  측량할 수 없는 하나님의 지혜  _54

**05** chapter  하필이면 왜 십자가인가, 다른 길은 없었는가  _66

**06** chapter  칼뱅주의와 알미니안주의, 무엇이 문제인가  _78

**07** chapter  선하고 전능하신 하나님이 왜 악을 놔두시는가  _90

**08** chapter  왜 하나님은 고통을 허락하시는가  _108

**09** chapter  예수를 듣지 못한 자는 구원받지 못하는가  _124

**10** chapter  기독교와 과학은 서로 모순되는가  _138

**11** chapter  하나님의 주권과 인생 경영  _158

**12** chapter  절대주권을 따르는 인간의 책임  _174

chapter 01

# 당신이 만난 하나님은 어떤 분인가

The Sovereignty of God
& Human Responsibility

"일을 계획하시는 여호와, 일을 이루시고 성취하시는 여호와, 그 이름을 여호와라 하는 분이 이렇게 말씀하셨다. 너는 나에게 부르짖어라. 그러면 내가 네게 응답하겠고 네가 전에 알지 못하던 놀라운 일들과 비밀들을 일러주겠다."
예레미야 33:2~3

"하나님은 자신의 창조물 안에서 스스로 행동하시는 가장 완전한 시인이다."
영국의 시인, 로버트 브라우닝, Robert Browning, 1812~1889

"나는 이미 오래 살았으나, 살면 살수록 확실하게 증언할 수 있는 한 가지 진실은 하나님께서 인생사를 다스리신다는 것이다."
미국의 정치가, 벤자민 프랭클린, Benjamin Franklin, 1706~1790

## 서론
introduction

성서적 믿음(biblical faith)이란 하나님과 사람 사이의 형성되는 관계에서 이루어진다. 즉 믿음이란 하나님과의 관계다(Relationship with God). 성경은 "믿음의 조상 아브람이 여호와를 믿으니 여호와께서 이를 그의 의로 여기시고"(창 15:6)라고 하여, 하나님과의 관계성을 우리에게 보여 주고 있다. 또 출애굽한 이스라엘이 홍해를 육지와 같이 건넌 후에, "이스라엘이 여호와께서 애굽 사람들에게 베푸신 큰 일을 보았으므로 백성이 여호와를 경외하며 여호와와 그 종 모세를 믿었더라"(출 14:31)고 했다. 즉 하나님과 그 백성 사이에 형성된 관계에서 하나님을 신뢰하고 의지하는 것을 믿음이라고 했다.

신약에서는 주로 예수 그리스도에 대한 신뢰, 즉 그를 통하여 구원받는 것을 부각시켜 증거하고 있다. 달리 말하면, 믿음이란 하나님에 대한 신뢰이며, 우리의 구원의 주가 되시는 예수 그리스도를 영접하여 관계를 맺는 것이다. 따라서 우리는 하나님을 만나야 하고, 그 관계의 친밀함을 통해 영적 성숙도가 평가된다. 우리는 스스로에게 물어야 한다. 나는 하나님을 만났다고 주장할 수 있는가? 내가 만나 관계하고 있는 하나님은 도대체 어떤 분인가? 나는 내 하나님을 어떤 분으로 알고 관계하고 있는가?

Note

> **교훈의 핵심**  하나님은 거룩하신 분이다(God is Holy). 그의 거룩하심은 다음과 같은 다섯 가지 특질을 통해 나타난다: 주권(Sovereignty), 위대함(Greatness), 가까이 계심(또는 편재함, Nearness or Omnipresence in Manifestation), 정결(Purity), 그리고 자비(Mercy).

### 1. 하나님에 대한 만남의 체험

■ 다음 글들의 의미가 무엇인가를 밝히고, 그에 대한 당신의 생각을 말하라.

1. 욥: "주님에 대하여 귀로 듣기만 했는데, 이제 저는 주를 눈으로 직접 보았습니다"(욥 42:5).

2. 바울: "그러나 지금의 나는 하나님의 은혜로 된 것이므로 내게 베푸신 그분의 은혜가 헛되지 않습니다. 나는 다른 사도들보다 더 열심히 일하였습니다. 그러나 그 일은 내가 한 것이 아니라 나와 함께하시는 하나님의 은혜로 한 것이었습니다"(고전 15:10).

3. 찬송가 499장 〈저 장미꽃 위에 이슬〉: 작사, 작곡 오스틴 마일스(C. Austin Miles, 1868~1946)

> "저 장미꽃 위에 이슬 아직 맺혀 있는 그때에 귀에 은은히 소리 들리니 주 음성 분명하다 주가 나와 동행하면서 나를 친구 삼으셨네 우리 서로 받은 그 기쁨은 알 사람이 없도다"

4. "진정한 그리스도인이란 하나님이 그리스도 안에서 그에게 자신을 계시해 주셨다고 믿을 만한 충분한 증거가 있어야 한다. 나아가 그

렇게 자신을 나타내 주신 하나님과의 교제로 인해 지금 내면 생활이 새로운 성품을 입고 있는 중이라야 한다." (Wilhelm Hermann, The Communion of the Christian with God. 하나님과 그리스도인의 친교. p. 14.)

5. "하나님에 대한 우리 지식의 근거는 그분의 인격적 임재의 계시에 있다. 이 임재에 관해 한 가지 분명한 사실은, 그것을 한 번도 체험하지 못한 이들에게는 이 말이 무의미하지만 체험한 이들에게는 이 말만으로도 충분하고도 남는다는 것이다." (John Baillie, Our Knowledge of God. 하나님에 관한 우리의 지식. p. 132.)

6. 영국의 작가 조지 웰스(George Wells, 1866~1946)가 쓴 〈대주교의 죽음〉이란 단편이 있다. 만약 당신께 하나님이 나타난다면, 심장마비에 걸리지 않을 준비가 되어 있는가? 그렇게 준비되려면 무엇이 필요할까?

"대주교는 날마다 습관처럼 그날 저녁에도 성당에서 기도를 시작했다. 늘 똑같은 기도를 반복하는 것이었다. 그는 그날도 언제나 그랬듯이 "오 전능하신 하나님이시여!"하며 기도를 시작했다. 그 순간 하늘에서 소리가 들렸다. "오냐, 무슨 일이냐?"(Yes, what is it?) 이 소리를 듣고 대주교는 심장마비를 일으켜 즉사하고 말았다."

## 2. 하나님 체험의 문제와 위험성

다음 글을 읽고, 그 의미를 파악하라. 그리고 아래 물음에 답하라.

"종교는 죽음에 대한 두려움이나, 혹은 하나님에 대한 두려움에서 나온 것이 아니다. 종교는 사람 안에 있는 깊은 물음에 답한다. 종교는 형이상학도 도덕도 아니다. 종교란 본질적으로 직관이자 느낌이다. … 도그마는 엄밀하게 말해서 종교의 일부라기보다는 신앙으로부터 유추된 것이다. 종교는 영원과 직접적인 관계를 갖는 기적이다. 도그마는 이 기적의 반영일 뿐이다."

① 이 글은 종교 또는 기독교 신앙의 본질을 무엇이라 했는가? 이 말에 공감하는가?
② 신앙이란 "영원과 직접적인 관계를 갖는 기적"이라고 했다. 이 말이 의미하는 바는 무엇이고, 이에 대한 당신의 생각은 어떠한가?

__이 글은 자유주의 신학(Liberal Theology)의 아버지라 불리는 슐라이어마허(Friedrich Schleiermacher, 1768~1834)가 한 유명한 말이다. 그가 기독교 신앙의 본질로서 강조한 것은 이성적 사고가 아니라 바로 'Das Gefuellt(느낌)'였다. 상기 인용한 글에서 알 수 있듯 그가 말하는 '느낌'이란 어떤 감상적인 감정을 말하는 것이 아니다. 하나님과의 직접적인 관계가 주는 기적적인 체험을 통해 갖게 되는 의식이다. 그는 이 하나님에 대한 기적적인 체험에서 나오는 의식, 하나님에 대한 절대적인 의존의 느낌을 이성과는 별개의 사안이라고 주장했다.

우리가 슐라이어마허의 주장에 일면 동의한다 해도, 한 가지 반드시 짚고 넘어가야 할 문제가 있다. 개인적인 하나님과의 만남, 하나님과의 연합, 이를 통해 얻게 되는 하나님에 관한 체험적 지식은 어떻게 그 진실성을 평가할 수 있을 것인가? 여러 희한한 종류의 사이비 교주들도 개인적으로 하나님을 만났다고 말하지 않는가? 타락한 인간이 체험하는 하나님을 통해 과연 얼마나 신빙성 있는 진리를 발견할 수 있을까? 무엇인가 하나님에 관한 판단 기준이 있어야 하지 않을까? 하나님을 경험하는 체험에서 배우는 진리를 강조하다 보면 주관적인 경험이 하나님을 대체할 수도 있지 않을까?

__자유주의 신학이 인간의 하나님 체험을 중시함으로부터 시작한 것은 높이 평가 받을 만하다. 그러나 그들의 근본적인 실패는 신앙 경험에 대한 평가를 인간 스스로에게 맡겨 버린 데 있다. 성경을 무시하고 주관주의(Subjectivism)에 빠진 것이 자유주의 신학의 실체다.

우리는 성경을 하나님의 말씀으로 믿는다. 따라서 성경에 기록된 하나님의 말씀만이 신앙과 행위의 표준이다. 우리의 모든 믿음의 내용과 하나님 만남에 대한 신앙 체험은 반드시 성경의 표준을 통해 검증되거나 평가받아야만 한다.

Note

## 3. 이사야에게 나타난 거룩하신 하나님

### 이사야가 본 환상 (사 6:1~7)

"¹웃시야 왕이 죽던 해에, 내가 보니 주께서 높이 들린 보좌 위에 앉아 계셨다. 그리고 주의 옷자락이 성전을 가득 채우고 있었다. ²주님의 위쪽에는 스랍이라고 하는 천사들이 서 있었는데, 스랍들마다 각각 날개가 여섯 개씩 달려 있었다. 두 날개로는 얼굴을 가렸고, 두 날개로는 발을 가렸으며, 두 날개로는 날아다녔다. ³천사들이 서로를 부르며 말했다. '거룩하시다, 거룩하시다, 거룩하시다, 만군의 여호와시여! 여호와의 영광이 온 땅에 가득합니다.' ⁴스랍들이 내는 소리 때문에 문지방이 흔들리고 성전에 연기가 가득 찼다. ⁵내가 말했다. '재앙이 내게 닥쳤구나. 나는 망하게 되었구나.' 나는 입술이 더러운 사람이요, 또 입술이 더러운 백성 가운데서 사는데, 이런 내가 왕이신 만군의 여호와를 내 눈으로 직접 뵈었구나. ⁶스랍들 가운데 하나가 부집게로 뜨거운 숯을 꺼내 들고 내게 날아와서 ⁷그것을 내 입에 대며 말했다. '보아라, 이 숯이 네 입술에 닿았으니 네 허물은 사라지고 네 죄도 용서받았다.'"

1. 위 본문을 세 번 이상 소리 내어 읽고, 이 장엄한 장면을 깊이 묵상하며 머릿속에 그림을 그리라.

2. 천사들은 무엇을 찬양했는가? 왜 "거룩하다"는 말을 세 번 반복했을까?
   __ 성경에서 '거룩(holy)'이란 하나님을 인간과 구별하여 뭔가 다른 존재가 되게 하는 모든 것, 하나님을 우리 위에 두어 경배와 찬양의 대상으로 만드는 모든 것, 하나님을 우리와 대비시켜 참으로 경외스런 대상이 되게 하는 모든 개념을 포함한다.

마치 이사야가 지상 최대의 장엄하고 화려한 대형 무대 앞에 서 있는 것 같다. 사실 그는 하나님의 거룩함을 묵상하기도 두려워했다. 하나님을 대면하고 나자, 자기 죄 때문에 하나님 앞에 도저히 설 수 없다고 확신했다. 허나 천사들은 그에게 하나님의 놀라운 정결함뿐 아니라, 끝없는 지혜와 한없는 권능을 인식시켰다. 그리고 하나님의 무한광대한 거룩함을 찬양했다.

### 이사야에게 나타난 거룩하신 하나님의 다섯 특질

1. **주권**(Sovereignty, 또는 주되심, Lordship): "보좌에 앉으신 하나님"(1절)

   ① 이사야의 보좌 환상을 에스겔(겔 1장), 그리고 요한의 환상(계 4장)과 비교하라.
   이사야는 "주의 옷자락이 성전을 가득 채우고"라고 했다. 성전의 성소는 가로 약 18미터에 세로 9미터, 높이 14미터 정도이다.

   ② 열왕기상 22장 5~28절에 나타난 선지자 미가야의 이야기를 읽으라. 미가야가 아합이 길르앗 라못에 올라가면 죽으리라고 담대히 선포할 수 있었던 근거는 어디에 있었는가? (참고 19절) 우리는 여기서 어떤 영적 교훈을 배우게 되는가?

2. **위대함**(Greatness): "하나님은 높은 곳으로 들리우셨으며, 여섯 날개를 가진 스랍들이 공중을 맴돌며 그분을 경배함"(1~3절)

   ① 각 천사가 어떤 자세를 취했으며, 그것이 뜻하는 바는 무엇인가?
   스랍(Seraphim) 천사들에 관해 우리가 아는 모든 것은 이사야 6장 2, 6절에 있다. 스랍은 그룹(Cherubim, 수호 기능을 행사하는 천사들; 창 3:24)과 비슷한 질서를 가지고 있는 것으로 보인다. 스랍 천사는 하나님 보좌의 수종자 및 성결하게 하는 사역의 대리인 역할을 했다. 스랍 천사는 6개의 날개를 가진 인간의 모습을 한 피조물로 묘사되어 있다. 스랍이란 "태운다" 또는 "고귀한"이라는 의미를 가진 어근으로부터 유래되었을 것으로 추정된다.

3. **가까이 계심**(Nearness; 또는 편재함, Omnipresence in Manifestation): "그 영광이 온 땅에 충만하도다"(4절).

   영광(Glory)이란 하나님의 성품과 능력이 명백히 드러나도록 하나님의 임재(Coram Deo, The Presence of God)가 나타나는 것이다. 우리는 언제든 어디서든 하나님의 임재로부터 벗어날 수 없다.

① 시편 139편 23~24절을 읽으라. 시인은 하나님의 어떤 면에 대해 찬양했는가? 이런 사실이 당신으로 하여금 하나님을 향해 어떤 자세를 가져야 한다고 가르쳐 주는가?

② 다음은 유명한 "성 패트릭의 아침 기도"(Morning Prayer of St. Patrick)의 일부이다. 세 번 이상 읽고, 마음에 다가오는 느낌이나 생각에 대해 말하라.

"그리스도께서는 내 안에 계시며, 내 뒤에 계시고, 내 앞에 계시고, 내 옆에 계시며, 나를 이끄시고, 나를 위로하시고 회복시키시며, 내 아래에 계시고, 내 위에 계시고, 고요함 가운데 계시며, 위험 중에 계시고, 나를 사랑하는 모든 사람들의 마음 속에 계시고, 친구와 이방인의 입 속에 계시옵나이다."

4. 정결함(Purity): "나는 망하게 되었구나. 나는 입술이 더러운 사람이요, 또 입술이 더러운 백성 가운데서 사는데, 이런 내가 왕이신 만군의 여호와를 내 눈으로 직접 뵈었구나"(5절).

① 5절의 고백을 통해 이사야의 자기 평가가 어떻게 나타났는가? 이에 대해 당신은 어떻게 생각하는가? (참고; 렘 17:9)

② 하박국 1장 13절에서 선지자는 하나님을 어떤 분으로 소개했는가?

5. 자비(Mercy): "네 허물은 사라지고 네 죄도 용서받았다"(7절).

스랍 천사 하나가 제단에서 핀 숯을 취해 그의 입술에 대고 하나님의 메시지를 전했다. 단은 제사를 드리는 장소요, 숯은 제사를 의미한다. 새 언약의 관점에서 볼 때, 죄 된 양심에 예수 그리스도의 피를 바르는 것이다.

① 왜 천사는 숯을 이사야의 입술에 댄 것일까? 이것은 우리에게 무엇을 가르쳐 주고 있는가?

② 로마서 3장 23~25절을 읽고, 다음 물음에 답하라.

Note

Note

_왜 모든 사람이 하나님 영광에 이르지 못하게 되었는가?
_우리는 어떻게 의롭다 함을 받는가?
_하나님께서 예수님을 무엇으로 세우셨는가?

__가장 단순하면서도 심오한 하나님의 성품은 곧 거룩한 사랑이다. 그것은 우리 죄를 그냥 모른 척 눈감아 주는 것이 아니라, 예수 그리스도의 십자가 위에서 그 죄를 심판하시고 정당하게 죄에서 구원하사 우리를 의롭다 하시는 자비와 은혜이다.

**결론** conclusion — "하나님은 거룩하신 주권자로서 우리와 교제하시며 만물을 다스리신다."

■ **우리는 이사야가 본 "천사들의 예배하는 환상"을 통해 다음과 같은 네 가지 교훈을 배워야 한다고 패커 박사는 지적했다.** (J. I. Packer, God's Plans for You. 당신을 향한 하나님의 계획. p. 63.) **다음의 글들을 읽고, 이 시점에서 어떤 부분이 특별히 당신에게 가장 적절히 요청되고 있는가를 정리하라.**

1. 하나님은 거룩하시기 때문에, 예수 그리스도를 믿음으로 주어지는 속죄의 은총을 받지 않고서는 하나님과 교제할 수 없다.

2. 하나님의 거룩함과 인간의 죄성, 그리스도 속죄의 객관적 타당성, 믿음을 주사 죄 사함을 확신케 하는 하나님의 자비를 개인적으로 인식하지 않고서는 하나님을 제대로 대변하지 못할 것이다.

3. 현재 성공하지 못한 것 같다고 해서 자신의 중심이나 메시지나 사역이 잘못되었다고 추정하면 안 된다. 그런 상황에서는 하나님께 잘못된 것이 있는지 물어 보아야 한다. 허나 반드시 구체적인 잘못이 있다는 의미는 아니다. 그저 하나님의 축복의 때가 오기를 기다리면서 신실하게 견뎌 나가는 것이 옳을 수도 있다.

4. 개인적인 경배와 찬양, 예배가 그리스도인의 삶과 사역의 주된 버팀목이 되어야 한다.

# chapter 01 | 묵상과 반성을 위한 질문

- 오늘의 공부를 통해 당신에게 다가온 새로운 깨달음이나 도전은 무엇인가?

- 이사야가 경험한 하나님을 묵상하며, 내게 부족한 것이 무엇인가를 말하라.

- 앞에 인용한 "성 패트릭의 아침 기도"가 우리 삶 속에 확고한 경험으로 체현된다면, 우리의 영성 생활에 어떤 변화가 일어나게 될까? 그리 되기 위해 우리가 해야 할 일은 무엇일까?

- 시편 27편 1~4절을 읽고, 다음 물음에 답하라.

  _ 다윗은 하나님과의 관계를 세 가지로 어떻게 표현했고, 그 뜻은 무엇인가? (1절)

  _ 다윗은 자기를 둘러싸고 벌어지는 상황을 어떻게 묘사했는가? (2절)

  _ 이토록 급박한 상황 한복판에 놓여 있으면서도, 다윗은 그의 마음이 어떠하다고 했는가? (1~3절)

  _ 이런 마음의 상태를 유지할 수 있었던 비결이 어디에 있다고 생각하는가? (4절)

  _ 이런 다윗의 믿음과 간증을 통해 우리가 배워야 할 교훈은 무엇인가? 다윗의 믿음과 비교해 볼 때, 당신에게 필요한 부분이 무엇이라고 생각하는가?

The Sovereignty of God
&
Human Responsibility

한 대형 선박이 뉴욕에서 영국의 리버풀 항구를 향해 항해를 떠났다. 그 목적지는 여러 단계의 적절한 절차를 따라 결정되었다. 아무것도 그것을 바꿀 수 없다. 이것이 절대주권을 보여주는 희미한 하나의 그림과 같다고 생각한다. 그 선박에 많은 승객들이 타고 있다. 그들은 아무도 쇠사슬에 묶여 있지 않다. 나아가 그 안에서의 모든 행위가 법령에 의해 제한되어 있지 않다. 그들은 그들이 원하는 대로 말하고 행동할 수 있는 자유가 있다. 그들이 자유롭게 먹고, 자고, 놀고, 공부하고, 웃고, 춤추고, 노래하는 동안에 그 배는 이미 예정된 항구를 향해 부단히 나아가고 있다. 여기에 주권(sovereignty)과 자유(freedom)가 잘 나타나 있다. 두 가지는 서로 상충되지 않는다. 나는 하나님의 절대주권과 인간의 자유의지도 이와 같다고 믿는다. 하나님의 절대주권으로 디자인된 우주라는 배는 이미 예정된 코스를 따라 역사라는 바다 위를 항해하고 있다.

토저, A. W. Tozer, 1897~1963

chapter 02

# 어떻게 삼위일체 하나님이 우리 삶에 관계하는가

The Sovereignty of God
& Human Responsibility

"만복의 근원 하나님 온 백성 찬송 드리고
저 천사여 찬송하세 찬송 성부 성자 성령 아멘."
찬송가 1장

"그러므로 너희는 가서 모든 민족을 제자로 삼아
아버지와 아들과 성령의 이름으로 세례를 베풀고
내가 너희에게 분부한 모든 것을 가르쳐 지키게 하라."
마태복음 28:19~20, 개역개정

"우리 주 예수 그리스도의 은혜와 하나님의 사랑과 성령의 친교가
여러분 모두에게 있기를 바랍니다."
고린도후서 13:13

## 서론
introduction

우리는 삼위일체(三位一體, Trinity) 하나님을 믿는다. Trinity란 라틴어 Trinitas에서 온 것으로 Threeness, 셋을 의미한다. 하나님은 오직 한 분이시나, 하나의 인격 속에 영원하고 동일한 삼위가 계시니 본체에 있어 하나이나, 실제에 있어 구분된다는 것이 삼위일체의 뜻이다. 달리 말하면, 하나님은 성부, 성자, 성령 세 위격의 통일체이시다. 성부, 성자, 성령은 각각 구별된 인격이시나 이 삼위는 동일한 신적 본질을 소유하고 계시다. 영광과 존귀와 능력에서 동등하시되, 세 분의 하나님들이 계신 것이 아니라, 오직 한 분의 하나님이 계신다. 삼위일체 하나님에 대한 바른 이해와 경험은 기독교 신앙의 필수이다. 삼위일체의 개념을 알고 나서도 심각한 문제에 직면하게 된다. 성경에 삼위일체란 단어가 나오지 않기 때문이다. 그래서 반삼위일체론자들은 삼위일체가 성경의 계시를 충실히 따르는 용어가 아니라, 계시에 무관한 철학적 개념일 뿐이라고 주장한다. 허나 삼위일체란 단어를 성경에서 찾을 수 없다 하여 그 단어 사용조차 부당하다고 말할 것은 아니다. 삼위일체는 성경에 계시된 하나님의 정체성과 본질에 가장 일치하도록 표현하고 있기 때문이다.

Note

> **교훈의 핵심**     삼위일체 하나님 신학이 가르치는 핵심진리는 다양성(Diversity)과 통일성(Unity)이다. 즉 다양한 세 위격이 상호 내주적인 관계를 통해 하나의 통일된 공동체를 이룬다. 이 삼위일체 영성이 우리가 체득해야 할 그리스도인 영성의 표본이다.

### 1. 삼위일체(三位一體, Trinity)의 의미

삼위란 세 위격이 있다는 뜻이고, 위격(位格, person)이란 지식(knowledge), 감성(feeling), 의지(will)를 갖추고 있으면서 다른 인격체와 관계 맺을 수 있는 인격적 존재를 의미한다. 그리고 일체란 하나의 통일체, 하나의 본체, 하나의 존재라는 뜻이다. 따라서 삼위일체란 다음과 같다. "성부, 성자, 성령은 각각 구별된 인격이시나 이 삼위는 동일한 신적 본질을 소유하고 계신다. 영광과 존귀와 능력에서 동등하시되, 세 분의 하나님들이 계신 것이 아니라, 오직 한 분의 하나님이 계신다."

### 2. 삼위일체 교리에 대한 3대 이단

- 양태론(Modalism or Sabellianism): 한 분 하나님 안에 구별된 세 위격이 존재하는 것이 아니라, 한 분 하나님이 역사 속에서 세 가지 양태로 나타나 세 역할을 담당한다고 보는 이단. 대표적 주장자인 사벨리우스(Sabellius, 3세기)의 이름을 따라 사벨리아니즘이라고 부름.

- 삼신론(Tritheism): 성부, 성자, 성령이 분리된 세 분의 하나님들이라고 보는 이단.

- 일신론(Unitarianism): 성부만이 하나님이요, 성자는 성부로부터 창조되었으되 인간과는 구별되는 고등한 피조물이며, 성령은 하나님의 일을 수행하는 비인격적 존재라고 보는 이단.

## 3. 삼위일체에 대한 성서적 근거

■ 오직 한 분이신 하나님

- 신명기 6:4~5

- 이사야 45:5~6

- 고린도전서 8:4

- 디모데전서 1:17

■ 각각 신성을 소유한 삼위 하나님

① 영원성(Eternity)

- 성부/ 시편 90:2

- 성자/ 요한복음 1:2, 요한계시록 1:8

- 성령/ 히브리서 9:14

② 전능성(Omipotence)

- 성부/ 베드로전서 1:5

- 성자/ 고린도후서 12:9

- 성령/ 로마서 15:19

③ 전지성(Omniscience)

- 성부/ 예레미야 17:10

- 성자/ 요한계시록 2:23

- 성령/ 고린도전서 2:11

④ 편재성(Omnipresence)

- 성부/ 예레미야 23:24

- 성자/ 마태복음 18:20

- 성령/ 시편 139:7

- 삼위 하나님이 각각 독립되어 나타남

  ① 성부, 성자, 성령/ 마태복음 3:16~17, 베드로전서 1:2

  ② 성부, 성자/ 시편 2:7, 이사야 9:6

  ③ 성부, 성령/ 이사야 11:2, 사도행전 5:3~4

  ④ 성자, 성령/ 요한복음 14:16

- 삼위 하나님이 동등하게 하나로 언급됨

  – 마태복음 28:19

  – 고린도후서 13:13

- 구약에 계시된 하나님의 복수형

  – 창세기 1:26

  – 창세기 11:7

  – 이사야 6:8

- 삼위 하나님이 서로 동등하게 참여한 사건들

  ① 천지 창조

  – 성부/ 시편 102:25

  – 성자/ 요한복음 1:3, 골로새서 1:16

  – 성령/ 창세기 1:2, 욥기 26:13

  ② 인간 창조

  – 성부/ 창세기 2:7

  – 성자/ 골로새서 1:16

  – 성령/ 욥기 33:4

  ③ 인간 구원(롬 1:1~4, 14:17~18, 고전 2:7~13, 12:4~6, 고후 1:21~22, 3:17~4:7,

갈 3:11~14, 엡 2:17~22, 골 1:6~8, 살후 2:13~14, 딛 3:4~6, 벧전 1:2 등)

- 성부/ 구원 계획
- 성자/ 구원 성취
- 성령/ 구원 적용

- **성경에 나타난 삼위일체 공식**(The Triune Formula)/ **에베소서 2:18: "우리 모두는 그리스도를 통해**(through Christ) **한 성령 안에서**(in the Holy Spirit) **아버지께로**(to the Father) **나아갈 수 있게 되었습니다"**

  "우리는 성령 안에서(in the Holy Spirit) 성자를 통하여(through the Son) 성부께로(to the Father) 나아간다."

## 4. 삼위일체 교리의 역사적 발전

- **니케아 공의회 이전의 교회**(The Pre-Nicene Church, 33~325)

  ① 사도시대(The Apostles, 33~100)
  - 예수 그리스도의 신성(Divinity) 그대로 받아들임
  - 성부, 성자, 성령의 이름으로 세례
  - 삼위일체 문제 거론되지 않음

  ② 속사도시대(The Apostolic Fathers, 100~150)
  - 삼위일체 교리 점진적으로 발전

  ③ 초대교회 교부시대(The Early Church Fathers, 150~325)
  ⓐ 안디옥교회 주교 데오빌로(Theophilus, 115~185?): 삼위일체를 나타내는 그리스어 Trias 최초로 사용/ 180년경
  ⓑ 프랑스 리옹의 주교 이레네우스(Irenaeus, 130~202): 삼위일체란 단어를 쓰지 않았으나, 한 하나님 안에 삼위가 계심을 고백/ 190년경
  ⓒ 카르타고 출신의 교부 터툴리안(Tertulian, 160~225): 삼위일체론 확립에 지대한

공헌

- 최초로 삼위일체 하나님 지칭, 라틴어 Trinitas 사용
- 성부, 성자, 성령 세 위격 간의 구별을 위해 라틴어 Persona 사용
- 하나님의 단일성, 통일성의 기초로서 단일한 신적 본질을 뜻하는 Substantia 사용

2. 니케아 공의회(The Council of Nicea, 325)와 콘스탄티노플 공의회 (The Council of Constantinople, 381)

① 쟁점: 그리스도의 신성을 부인하는 아리아니즘(Arianism) 이단의 출현
- 그리스도는 완전한 하나님인가 피조된 종속적 존재인가?
- 성령은 완전한 인격적 하나님인가 아닌가?

② 주요 인물
- 아리우스(Arius, 250?~336?);
  오직 성부만이 영원하시다. 성자는 최초로 최고의 피조물로 시작되었다.
- 아다나시우스(Athanasius, 293~373);
  성자는 성부와 비슷한 본질(Homoiousian/ of similar substance)이 아니라 동일한 본질(Homoousian/ of the same substance)이시다.

③ 니케아 신경의 골자: "우리는 한 주 예수 그리스도를 믿는다. 그는 참 하나님의 참 하나님이시며, 지으심을 받지 않으셨으며, 모든 것을 지으신 아버지 하나님과 한 실체를 가지셨다. … 성령은 아버지와 아들로부터 나오셨고, 아버지와 아들과 함께 예배와 영광을 받으신다."

④ 니케아-콘스탄티노플 신경은 현재 그리스 정교회, 로마 가톨릭, 개신교회 등 기독교권의 모든 교파와 교단이 공식적인 신앙고백으로 받아들이고 있다.

3. 어거스틴(Augustine, 354~430): 정통 삼위일체 신학 정립

"삼위일체의 각 위격은 하나님이시며, 세 위격 모두가 함께 한 분의 하나님이시다. 각 위격은 완전한 신적 본질이며, 세 위격 모두 함께 한 본질이다."

Note

## 4. 중세시대(500~1500)

① 동서교회(그리스 정교회와 로마 가톨릭)의 성령론 논쟁

- 그리스 정교회/ 성령이 성부로부터 발출한다.
- 로마 가톨릭/ 성령이 성부와 성자로부터 발출한다.

② 1054년 동서교회 분열

## 5. 16세기 종교개혁과 삼위일체론의 부흥

① 종교개혁의 모토: "오직 성경, 오직 은혜, 오직 믿음"

② 칼뱅(John Calvin, 1509~64)과 삼위일체 신학

- 기독교 강요/ 삼위일체적 구조로 집필/ 1권 성부론, 2권 성자론, 3~4권 성령론
- 신약에 계시된 삼위일체보다 못한 분으로 여기거나 다른 분으로 개념화하여 예배하는 것은 우상숭배를 범하는 일이다.
- 성경에 계시된 성부, 성자, 성령 삼위일체 하나님을 제외하고 하나님에 대해 얘기할 수 있는 다른 길이 없다.
- 세 위격의 분리될 수 없는 통일성은 인류 구원 사역에 나타나는 세 위격 간의 협력과 상호 작용을 통해 확증된다.

## 6. 계몽주의, 자유주의 신학 그리고 삼위일체론

① 18세기 유럽의 계몽사상(Enlightenment)

- 정통 기독교의 초자연적 성격을 비판하며 발전
- 성경적 기독교의 중심 교리들을 이성의 이름으로 거부
- 삼위일체론은 원시적이며 미신적인 신화의 산물이라 비판

② 19세기 자유주의 신학(Liberal Theology)

- 객관적 계시 중심 신학을 거부하고 인간의 경험과 이성 중심 신학 작업 수행
- 슐라이어마허(Friedrich Schleiermacher, 1768~1834)/양태론적 삼위일체론 전개
- 대부분의 자유주의 신학자들은 삼위일체 하나님에 대해 무관심으로 무시

7. 20세기와 삼위일체론의 재부흥

① 신정통주의(Neo-Orthodoxy): 바르트(Karl Barth, 1886~1968)

- 인간 이성과 경험 중심의 자유주의를 버리고 "하나님 말씀의 신학" 회복 역설
- 삼위일체 하나님 복권
- 정통 삼위일체론의 위격(person/ hypostasis, persona)을 존재 양식(mode of being)으로 번역함으로 양태론적 왜곡 초래

② 복음주의(Evangelicalism): 정통 삼위일체 하나님 중심의 신학과 신앙 회복

## 5. 삼위일체 신학의 핵심

1. 다양성과 통일성(Diversity & Unity)

① 다양성: 완전히 구분된 세 위격(Hypostasis)

② 통일성: 신적 본질이 동일한 한 하나님(Homoousian)

③ 신학적 의미

- 다양한 세 위격이 상호 내주적인 관계를 통해 하나의 공동체를 이룬다
- 다양성은 반드시 통일성과 조화되어야 한다
- 다양성의 하나됨이란 다원주의(Pluralism), 분열주의, 상호배타주의를 거부한다

2. 세 위격 간의 관계성 - 페리코레시스(Perichoresis): 상호 내주(Mutual indwelling), 상호 관통(Mutual penetration), 상호 참여(Mutual participation)

___성부, 성자, 성령이 각각 구별되지만 이 위격들이 따로따로 분리되어 개별자로 존재하는 세 하나님들이 아니라, 상호 내주의 방식으로 하나의 통일체를 이루는 한 하나님이시다. 성부는 성자와 성령 안에, 성자는 성부와 성령 안에, 그리고 성령은 성부와 성자 안에 온전히 내주해 계신다(요 10:37~38, 14:9~11, 14:20, 17:20~23).

3. 삼위 간의 코이노니아(Fellowship, Communion)
   ① 서로를 깊이 아는 친밀한 교제(요 5:19~20, 6:46, 7:28~29, 8:55, 10:15)
   ② 서로를 깊이 사랑하는 사귐(마 3:17, 요 3:31~36, 5:19~23, 14:30~31, 17:23~23)
   ③ 서로를 영화롭게 하는 친교(요 8:54~55, 13:31~32, 14:13~14, 17:1~5)
   ④ 서로를 증거하는 교통(마 11:27, 요 5:36~37, 8:17~18, 요일 5:9~10)
   ⑤ 서로 복종하고 섬기는 사귐(눅 4:18~19, 요 4:34, 6:38~39, 8:28~29, 16:13~15)
   ⑥ 서로 보내시고 보냄을 받는 사귐(요 3:16~17, 5:36~38, 14:26, 17:18, 행 13:2~4)
   ___삼위일체 하나님은 연합적 친교의 공동체(Community, Society, Communion): 삼위일체 하나님의 존재 방식은 세 위격 간의 연합적/일치적/하나됨의 친교. 삼위 하나님의 한 분 되심(Oneness)은 수학적 의미에서의 하나이자, 다양한 개체의 연합과 통일이라는 의미에서의 하나.

## 6. 삼위일체 영성의 핵심

그리스도인 영성의 본질은 삼위일체 영성이다. 왜냐하면 그리스도인의 영성이란 결국 삼위일체 하나님을 지향하고 사랑하며 본받는 영성이기 때문이다. 그리고 우리가 체득해야 할 삼위일체 영성은 삼위일체 하나님께서 본래적으로 가지고 계신 영성이다. 즉 삼위일체 영성이란, 하나님과 사람과의 관계 속에서 실현되기 이전에 영원토록 하나님의 세 위격이 가지고 계시는 연합적 친교의 공동체 속에 이미 체현된 영성이다.

1. 다양성에 대한 존중과 예찬
   ① 다양성의 하나님의 존재 방식: 세 위격으로 존재하시는 하나님

② 다양성은 창조의 원리: "각기 종류대로 지으시고 보시기에 좋았더라"
(창 1:11~12, 21, 25)

③ 삼위일체 하나님의 영원한 존중과 예찬(마 3:16~17)

2. 다양성 안에서의 연합 추구
① 삼위일체 하나님의 세 위격이라는 다양성이 한 하나님이라는 통일성으로 아름다운 조화를 이룸

② 교회의 원리: "몸은 하나인데 많은 지체가 있고 몸의 지체가 많으나 한 몸"(고전 12:12, 개역개정)

③ 교회를 위한 예수님의 기도: "우리가 하나가 된 것같이 그들도 하나가 되게 하려 함이니이다"(요 17:22)

3. 페리코레시스(상호 내주 또는 상호 참여)의 관계성
① 삼위 하나님의 상호 내주의 관계성은 성부, 성자, 성령 각 위격이 다른 위격과 분리되거나 독립되어 개별자로 존재하지 않으심을 보여줌

② 교회는 상호 의존적인 여러 지체들이 한 몸을 이룬 공동체(고전 12:14~26)

4. 사랑의 코이노니아와 디아코니아(Diakonia, 섬김)
① 상호 내주와 상호 의존의 관계는 사랑의 사귐과 섬김으로 지탱됨
(요 13:34~35, 갈 5:13~15)

② 우리의 과제: 아가페적 코이노니아와 디아코니아의 실천(고전 13:1~13)
__삼위일체 영성의 본질에 대한 요약: "다양한 사람들이 서로를 존중하고 인정하고 환영하며 높이는 사랑의 사귐과 섬김의 관계"

## 결론 — 성경의 하나님은 삼위일체 하나님이시다.

Note

　삼위일체 신학이 가르치는 핵심 진리는 다양성(Diversity)과 통일성(Unity)이다. 즉 다양한 세 위격이 상호 내주적인 관계와 사랑의 교제와 섬김을 통해 하나의 통일된 공동체를 이룬다. 삼위일체 하나님의 존재 방식에 뿌리박은 삼위일체 영성이 우리가 체득해야 할 그리스도인 영성의 표본이며, 이 영성은 우리 삶의 모든 영역에서(가정, 교회, 사회, 세계 등) 추구되고 실현되어야 한다. 그러나 그 시작은 우리와 삼위일체 하나님과의 관계, 즉 예배로부터 시작되어야 한다.

1. 예배란 하나님과 우리의 다름을 인정하고 예찬하는 사건(시 100:1~5)
2. 예배란 삼위일체 하나님과 하나로 연합됨을 체험하는 것
   (엡 2:19, 5:32)
3. 예배란 삼위일체 하나님과의 영적 내주와 상호 침투 및 상호 참여를 체험하는 것(벧전 2:5)
4. 예배란 삼위일체 하나님과의 교제와 섬김을 맛보고 누리는 체험의 현장(시 34:6~10)

## chapter 02 묵상과 반성을 위한 질문

가정에서 남편과 아내 사이, 부모와 자녀 사이에서 삼위일체 영성이 어떻게 실현될 수 있을까? 삼위일체 영성이 가정에서 구현될 때, 어떤 유익을 누리게 될까? 다음 성구를 읽고, 그 물음에 스스로 답하라.

■ 남편과 아내 사이
 ① 다양성의 존중과 예찬(벧전 3:7)
 ② 다양성 안에서의 연합 추구(창 2:24)
 ③ 페리코레시스 관계성(잠 31:1~31)
 ④ 사랑의 코이노니아와 디아코니아(전 9:9, 아 2:1~3)
   아내가 남편에게(엡 5:22~23)
   남편이 아내에게(엡 5:25~33)

■ 부모와 자녀 사이
 ① 다양성의 존중과 예찬(시 127:3, 139:13~17)
 ② 다양성 안에서의 연합 추구(엡 6:1~4)
 ③ 페리코레시스의 관계성(잠 22:6, 딤전 5:8)
 ④ 사랑의 코이노니아와 디아코니아(신 6:6~9)
   제5계명: "네 부모를 공경하라"

가정과 더불어 삼위일체 영성이 구체적으로 실현되어야 할 공동체는 바로 교회이다. 교회란 예수 그리스도의 몸이다. 그렇다면 삼위일체 영성이 교회 안에서 어떻게 실현될 수 있을까? 다음 성구를 읽고, 그 물음에 답하라.

 ① 다양성의 존중과 예찬(고전 12:12~27, 롬 12:4~8)
 ② 다양성 안에서의 연합 추구(엡 4:4~6)
 ③ 페리코레시스의 관계성(엡 4:25~29, 히 10:24~25)
 ④ 사랑의 코이노니아와 디아코니아(요일 4:8~11, 롬 13:8~10)

The Sovereignty of God
&
Human Responsibility

　　　　　　　　　　　유명한 가곡 〈희망의 나라로〉를 지은 음악가 현제명(1902~60)은 2남 2녀 중 차남으로 어머니를 일찍 여의고 엄격한 부친의 교육과 신앙의 가르침 속에서 자랐다. 그는 어려서부터 주일학교나 초등학교에서 노래 잘 부르기로 유명했고, 계성학교에서도 인기가 높았다. 노래뿐 아니라 피아노도 칠 줄 알아 모든 이들이 그는 훌륭한 음악가가 될 것이라고 예견했다. 1920년 봄, 계성중학을 마치고 평양 숭실대학에 입학한 그는 학비를 벌기 위해 학교 안에 설치된 목공소나 선교사 집에서 잡일을 하며 공부와 음악을 함께 했다.
　숭실대학 4학년 재학 중의 어느 날, 채플 시간에 순회 전도자이자 미국의 레인보우 레코드회사 및 악보출판사 사장인 히버(R. Heaver)가 내방했다. 그날 마침 현제명이 특송을 했다. 이 만남이 현제명의 일생을 뒤바꾸어 놓는 계기가 되었다. 특송에 은혜를 받은 히버 사장이 미국으로 돌아가 미국 유학의 길을 열어 주었다. 시카고에 있는 무디성경대학교에 입학하여 음악을 공부할 수 있도록 도와 준 것이다. 그는 나중에 연희전문학교의 음악 교수로 부임하여 한국 음악계에 큰 공헌을 남기게 되었다. 하나님께서는 종종 사소한 만남과 기회를 통해서도 엄청난 일을 이루신다. 눈을 크게 뜨고 주위를 보라. 귀를 기울여 들으라. 사소한 일이라 무시하지 말고, 매사에 최선을 다하라. 하나님의 보이지 않는 손(Invisible Hand)이 활동하고 있다.

# chapter 03
## 하나님은 어떻게 일하시는가

The Sovereignty of God
& Human Responsibility

"하나님은 복되시고 유일하신 주권자이시며
만왕의 왕이시며 만주의 주시요."
디모데전서 6:15, 개역개정

"참새 두 마리가 한 앗사리온에 팔리지 않느냐
그러나 너희 아버지께서 허락하지 아니하시면 그 하나도 땅에 떨어지지 아니하리라
너희에게는 머리털까지 다 세신 바 되었나니 두려워하지 말라 너희는 많은 참새보다 귀하니라."
마태복음 10:29~31, 개역개정

"그리스도인은 아무 의심 없이 결국 모든 역사가
하나님에 의해 계획된 이야기였다고 확신해야만 한다."
영국의 작가 겸 신학자, 씨 에스 루이스, C. S. Lewis, 1898~1963

## 서 론
introduction

우리가 성경을 대할 때, 맨 처음 나타나는 하나님의 모습은 일하시는 하나님이다(창 1:1). 그리고 하나님이 행하신 일의 결과들에 대해서는 "좋았더라"는 말을 듣는다(창 1:4, 10, 12, 18, 21, 25, 31). 후에 예수께서도 일하심에 대해 말씀하셨다. "내 아버지께서 이제까지 일하시니 나도 일한다."(요 5:17) 이처럼 성경은 하나님께서 우주만물을 창조하셨고 다스리고 계심을 영광스럽게 선포하고 있다(창 1:1, 히 11:6). 나아가 성경의 하나님은 그가 창조한 인간의 인생에 간여하시는 역사적인 하나님으로서, "이제도 계시고 전에도 계시고 장차 오실 이가 되신다."(계 1:4, 출 3:14) 따라서 그리스도인이 하나님께서 어떻게 일하시는가를 이해하는 것이 얼마나 중요한가 하는 것은 아무리 강조해도 지나침이 없다.

> **교훈의 핵심** 하나님께서는 모든 것을 다스리신다. 그분은 개인과 우주에 대한 확고한 목적과 계획을 가지고 계시며, 그것들을 성취할 수 있는 모든 능력도 소유하고 계신다.

Note

## 1. 하나님의 일하심에 대한 몇 가지 기본적인 이론들

- 이신론(Deism): "이신론이란 하나님은 이 세상을 독립적이며 법칙에 따라 움직이도록 만드신 지성적 창조주지만 이 세상의 운명을 섭리하거나 어떤 방법으로든 관여하지 않는다는 이론이다."
["Deism is the view that regards God as the intelligent Creator of an independent and law-abiding world but denies that he providentially guides it or intervenes in any way with its course of destiny." (Van A. Harvey, A Handbook of Theological Terms. 신학용어 핸드북, p. 66.)]

### 문제점
① 성경의 권위와 가르침 부정
② 논리적 모순
③ 창조주 하나님의 사랑, 자비, 인내 등에 대해 설명하지 못함

- 과정신학(Process Theology): 신의 본성은 영원하고 자족하며 피조물을 구원하시는 구원자이시나 동시에 시간적이고 불완전한 존재며 피조물들의 완성에 의해 구원되기를 기다리는 신이다. 즉 신과 세계의 관계는 상호 관계적이며 보완적이다. 상호 침투하는 의존관계에 있다. 그러므로 신은 세계의 역사 과정 속에 신이 스스로 택한 계시의 시간에 임의적으로 개입하시는 자존적인 인격의 하나님이 아니라, 모든 인격적 존재들의 결단 행위를 통해 결단하시는 분이며 세계를 통해서만 역사하신다.

### 문제점
① 과정신학은 성경이 아니라 미국의 과정철학자 화이트헤드(Alfred N. Whitehead,

1861~1947)의 산물

② 하나님의 절대성과 완전성, 영원성, 불변성 부정: "하나님은 완전을 향한 변화의 과정에 있다."

③ 하나님과 세계는 상호 의존관계: "하나님은 세계의 주권자가 아니라 협력자요 동반자일 뿐이다."

- 초자연주의(Super Naturalism): 세상만사 거의 모두 이적에 의해 움직여 진다. 귀신, 유령, 악령, 요정, 기적, 초능력, 신통력, 천사, 악마 등의 존재를 지나치게 의지하거나 두려워하며 초자연적인 신비현상 위주로 세상을 보는 취향과 태도를 가진다.

**문제점**

① 자연법(Natural Law)과 일반 은총(Common Grace)에 대한 부정

② 제한적 신관의 문제(Limited God)

③ 비성서적 세계관(Non-Biblical Worldview)

- 성경적 관점(The Biblical View): 하나님은 절대주권을 가지고 온 우주와 인간사를 섭리하신다.

## 2. 주권과 섭리에 대한 정의(Definition of Sovereignty & Providence)

주권(主權, Sovereignty): 주권은 "최고의(Super) 권세(Reign)"란 뜻이다. 인간을 포함하여 이 세상의 모든 만물에 대한 그 최고의 권세는 당연히 그것들을 만드신 창조주 하나님에게로 돌아간다. 그것은 영계(靈界)의 천사와 마귀에게도 마찬가지이다. 만든 자는 피조물에 대해 절대적인 존재이다. 하나님의 전 자연계와 도덕계에 대한 주인 된 권세는 절대

적이다. '하나님의 주권'이란 만물에 대한 하나님의 '절대적 지배'를 가리키는 술어인 바, 성경적 복음주의(Biblical Evangelicalism)의 최고 중심사상이다. 복음주의란 하나님의 절대주권을 고백하고 인정하는 하나님 중심사상이다.

섭리(攝理, Providence)
"섭리란 하나님이 자신의 영광과 그의 백성의 선을 위하여 그가 창조한 만물을 지속적으로 돌보고 관리하며 절대적으로 다스린다는 뜻이다."
(제임스 패커)
"섭리란 하나님께서 모든 만물을 창조하신 순간부터 영원까지 도와주시고 돌보시며 관리하신다는 것을 의미한다." (Merrill Tenney, Zondervan Pictorial Encyclopedia of the Bible. 그림이 있는 존더반 성서 백과사전)

### 3. 하나님이냐 우연이냐 (God or Chance)
■ 다음의 글을 읽고, 무엇이 왜 잘못되었는가를 말하라.

1. 미국 경영학자 스티븐 핑크(Steven Fink, Crisis Management: Planning for the Inevitable. 위기 관리: 피할 수 없는 위기 대처 방안): "세상만사는 오직 두 가지, 즉 운명(fatalism) 아니면 우연(chance)일 뿐이다. 어떤 절대자에 의해 일어나는 일은 아무것도 없다. 피할 수 없는 위기에 대처하는 것은 개인의 의지와 선택에 달린 문제일 뿐이다."

2. 유대인 랍비, 베스트셀러 작가 해롤드 쿠쉬너(Harold S. Kushner, When Bad Things Happen to Good People. 선한 이들에게 악한 일이 생길 때): "지진이 일어나 수천 명이 죽었다. 이런 일은 하나의 자연현상일 뿐이지

하나님과 무관하다. 자연이란 도덕적으로 소경이요, 아무런 가치체계가 없다. 자연법칙에 의해 움직일 뿐이지, 누구에 의해서나 무엇을 위해서가 아니다."

3. 마태복음 10:29~31, "참새 두 마리가 동전 한 개에 팔리지 않느냐? 그러나 너희 아버지가 아니고서는 한 마리도 땅에 떨어질 수 없다. 심지어 너희 머리카락의 수까지도 하나님은 아신다. 그러므로 두려워 마라. 너희는 참새 여러 마리보다 훨씬 더 귀하다."

4. 잠언 16:9, "사람은 자기 마음에 앞날을 계획하지만, 그 걸음을 정하시는 이는 여호와이시다."

5. 야고보서 4:13~15, "여러분 가운데 '오늘이나 내일, 어떤 도시에 가서 일 년 동안, 그곳에 머물며 사업을 벌여 돈을 벌어 보자'라고 말하는 사람들이 있습니다. 하지만 여러분은 내일 일을 알지 못하는 자들입니다. 여러분의 생명은 안개와 같아서 잠깐 보이다가 사라지고 말 것입니다. 그러므로 여러분은 '주님께서 원하시면 우리가 살 것이며, 이런저런 일을 할 것이다'라고 말해야 합니다."

### 4. 만물을 지키고 관리하며 다스리는 하나님
- **다음 성경 말씀을 세 번 이상 읽고, 그 의미를 음미하며 마음으로 되새기라. 당신의 마음에 다가오는 느낌이나 생각을 말하라.**

1. 시편 31:15, "내 목숨이 주님의 손에 달려 있으니 나를 원수의 손아귀에서 건져 주시고, 나를 뒤쫓아오는 자들에게서 구하여 주소서."

Note

Note

2. 시편 147:8~9, "그분은 구름으로 하늘을 덮으십니다. 땅에 비를 내리시고 언덕 위에 풀들이 자라게 하십니다. 그분은 가축들에게 음식을 주시며 어린 까마귀들이 울 때에 그들에게 먹이를 주십니다."

3. 다니엘 4:17, "이 일은 감시자들이 명령한 것이요, 거룩한 이들이 선언한 것이다. 이는 지극히 높으신 하나님께서 인간의 나라를 다스리시며, 그가 원하는 사람에게 그 나라를 주시며, 가장 낮은 사람을 그 위에 세우시는 것을 모든 사람들로 알게 하려는 것이었다."

4. 히브리서 1:3, "그 아들은 하나님의 영광을 나타내며 하나님의 본성을 그대로 보여 줍니다. 능력 있는 말씀으로 만물을 붙드시고…."

5. 골로새서 1:17, "그리스도는 모든 것이 생기기 전에 이미 계셨으며, 이 세상 모든 만물이 그분에 의해 유지되고 있습니다."

__골로새서 1장 17절에 대한 설명: "그리스도는 세계를 만드신 분이며, 온 세계를 이끌어가시는 분이다. 그 안에서 세계는 보존되고 제자리를 찾는다. 그분의 뜻이 모든 존재의 시작을 가져온 것처럼, 그분은 우주의 법칙을 다스리며 혼돈 대신 온전한 세계를 이끌어 가신다." (Dallas Willard, In Search of Guidance: Developing a Conversational Relationship with God. 인도하심을 찾아서: 하나님과의 대화적 관계 개발. p. 91.)

■ 미국 흑인인권운동가 마틴 루터 킹(Martin Luther King Jr., 1929~1968) 목사의 생애를 연구한 서적 《바다 가르기(Parting the Waters)》에 보면, 하나님의 오묘한 섭리를 보여주고 있다. 이에 대한 당신의 느낌이나 생각은 어떠한가?

"킹이 보스턴대학에서 박사 과정을 마치고 목사 안수를 받았다. 일할 교회를 찾는 중에 두 교회로부터 시험 설교 요청이 들어왔다. 하나는 테네시주 차타누가의 제일교회로 매우 큰 교회였다. 다른 하나는 알라바마주 몽고메리에 있는 덱스터(Dexter) 침례교회로 작은 교회였다. 킹 부부는 큰 교회 쪽에서 목회가 수락되기를 바라고 기도했다. 그러나 반대로 큰 교회에서는 거절당하고 작은 덱스터교회에서 그를 받아들였다.

그렇지만 하나님의 섭리는 놀라웠다. 킹 목사가 덱스터교회에 부임하자마자 몽고메리사건이 터졌다. 미국 흑인인권운동의 도화선이 된 저 유명한 로사 파크스(Rosa Parks) 부인의 버스 사건이었다(1955년). 그 당시만 해도 버스에 흑인석, 백인석이 구분되어 있었다. 흑인 여자 로사가 백인석에 앉았다가 무자비한 수모와 폭력을 당하고 쫓겨난 사건이었다. 이것을 계기로 킹 목사는 덱스터교회를 중심으로 버스 승차 거부운동을 시작하여 흑인 차별 철폐를 위한 민권운동의 횃불을 들게 된 것이다."

## 결론 conclusion — "하나님은 절대주권자로서 지금도 모든 것을 다스리고 계시다!"

1. 하나님은 뜻을 따라 일하신다 (He works according to His will): 에베소서 1:11, "모든 것을 그의 뜻대로 이루시는 하나님께서는 오래 전에 이미 우리를 하나님의 백성으로 예정해 놓으셨습니다."

2. 하나님은 만물을 붙드신다 (He upholds all things): 히브리서 1:3, "그 아들은 하나님의 영광을 나타내며 하나님의 본성을 그대로 보여 줍니다. 능력 있는 말씀으로 만물을 붙드시고…."

3. 하나님은 모든 만물을 다스리신다 (He is able even to subdue all things): 빌립보서 3:20~21, "모든 만물을 다스리시는 그분의 능력이 우리를 변화시킬 것입니다."

## chapter 03 | 묵상과 반성을 위한 질문

- 오늘의 공부를 통해 당신에게 다가온 새로운 깨달음이나 도전은 무엇인가?

- 이신론, 과정신학, 초자연주의, 그리고 운명론 등에 대해 재정리하고, 혹시라도 이런 요소들이 자기 안에 있지는 않은지 깊이 있게 점검하라.

- 다음 구절들은 하나님이 하시는 일에 대해 무엇을 가르쳐 주는가?

① 시편 135:6

② 시편 115:3

③ 이사야 46:10

- 다음 구절들을 묵상하고, 자신의 믿음과 비교하라.

① 민수기 23:19

② 로마서 4:20~21

The Sovereignty of God
&
Human Responsibility

2차 세계대전이 한창 진행되고 있을 때, 미국 전폭기들이 대대적인 폭격을 위해 괌(Guam)을 떠나 일본의 코쿠라(Kokura) 지방을 향해 날았다. 목적지에 도착했으나, 짙은 구름이 끼어 있어서 정확한 목표 지점을 찾을 수가 없었다. B-29 폭격기는 거의 한 시간 가까이 상공을 맴돌며 구름이 걷히기를 기다렸다. 그러는 동안 비행기 연료가 위험한 수준까지 이르게 되었다. 할 수 없이 비행본부에서 철수를 명했다. 목적지에 이르렀으나 구름 때문에 폭격 명령을 이행하지 못하고 되돌아가야만 했던 모든 조종사와 병사들은 깊은 실망감에 잠기게 되었다.

그런데 모든 비행 편대가 무사히 귀대한 얼마 후, 일본에 나가 있는 미국정보부 요원들로부터 1급 비밀이 날아들었다. 며칠 전, 일본군이 수천 명의 미군 포로들을 코쿠라 지역으로 이송했다는 정보였다. 만약 구름이 없었다면, 그래서 원래 계획대로 폭탄을 그 지역에 투하했다면, 수천 명의 미군 병사들이 자국의 폭격에 의해 떼죽음을 당하는 미국전쟁 역사상 최대의 비극이 연출될 뻔했던 것이다. 지금도 미국인들은 그때를 회상하며 "하나님 섭리의 구름"(The Clouds of God's Providence)이라 부르고 있다. 지금도 하나님께서는 구름으로, 비로, 바람으로, 때로는 사람이나 사건을 통해서 우리를 지켜주고 계신다.

chapter **04**

# 측량할 수 없는 하나님의 지혜

The Sovereignty of God
& Human Responsibility

"깊도다 하나님의 지혜와 지식의 풍성함이여,
그의 판단은 헤아리지 못할 것이며 그의 길은 찾지 못할 것이로다."
로마서 11:33, 개역개정

"하나님이시여! 능력으로 우리를 인도하고, 지혜로 우리를 교훈하며,
손으로 우리를 보호하고, 말씀으로 우리를 지도해 주소서.
우리에게 오늘만 아니라 영원히 그리하여 주소서."
성 패트릭의 기도, Prayer of St. Patrick, 387~493

"오 하나님! 나로 하여금 승리자가 되도록 도와주소서.
그러나 내가 승리하는 것이 당신의 지혜로운 뜻이 아니라면,
나로 하여금 훌륭한 패배자가 되게 하소서."
보이스카우트의 설립자, 로버트 베든-파웰 경, Sir Robert Baden-Powell, 1857~1941

일반적으로 지혜(wisdom)란 무엇이 옳고, 참되며, 최선의 것인가를 분별하고 판단함을 말한다. 달리 말하면, 최선의 가능한 결과를 이루기 위해 가장 최선의 자료와 방법을 선택하는 능력이다. 따라서 지혜란 경험, 철학, 역사의식, 지식, 학식, 예지력 그리고 분별력이 최고의 수준에서 융합된 그 무엇이다. 이런 면에서 볼 때, 하나님만이 최고로 지혜로우신 분이다. 하나님은 가장 최선의 가능한 결과를 선택하므로 지혜로우며, 그가 추구하는 최선의 결과를 위해 가장 최선의 자료와 방법을 사용하시므로 지혜로우시다.

Note

**교훈의 핵심** 하나님은 무한히 지혜로우신 분이다. 그분은 우리를 위한 최선의 것이 무엇이며, 그것을 이루기 위한 최선의 방법이 무엇인가를 알고 행하신다.

Note

**1. 무한히 지혜로우신 하나님**

■ 다음 성경 말씀을 세 번 이상 읽고, 그 의미를 음미하며 마음으로 되새기라. 당신의 마음에 다가오는 느낌이나 생각을 말하라.

1. 시편 147:5, "우리 주는 위대하시며 능력이 크십니다. 그분의 분별력은 끝이 없습니다."

2. 잠언 21:30, "여호와를 거스르는 것은 그 어떤 지혜, 통찰력, 계획으로도 성공하지 못한다."

3. 예레미야 10:12, "여호와께서 능력으로 땅을 만드셨습니다. 주님은 그 지혜로 세계를 세우셨고, 그 명철로 하늘을 펴셨습니다."

4. 로마서 11:33~34, "오, 하나님의 지혜와 지식의 부유함은 참으로 깊습니다! 하나님의 판단은 헤아릴 수 없으며, 그분의 길은 아무도 찾을 수가 없습니다. '누가 주님의 마음을 알았으며, 누가 그분의 의논 상대자가 되었습니까?'"

**2. 하나님의 지혜와 영광**

■ 다음 글과 성경 말씀을 세 번 이상 읽고, 그 의미를 음미하며 마음으로 되새기라. 당신의 마음에 다가오는 느낌이나 생각을 말하라.

1. 미국의 신학자이자 목사 존 파이퍼(John Piper, Desiring God. 하나님에 대한 열망. pp. 22~23.), "인간의 제일되는 목적은 하나님을 영화롭게 하며 그를 영원토록 즐거워하는 것이고, 하나님의 제일되는 목적은 하나님을 영화롭게 하며 그를 영원토록 즐거워하는 것이다. 하나님께서는 자신의 지혜로 자신의 영광을 위해 일하신다."

Note

2. 요한복음 15:8, "너희가 열매를 많이 맺어 내 제자인 것을 나타내면 이것으로 내 아버지께서는 영광을 받으신다."

3. 로마서 1:21, "사람들은 하나님을 알면서도 하나님께 하나님으로 영광을 돌리지도 않았고, 하나님께 감사하지도 않았습니다. 오히려 사람들은 헛된 것을 생각했으며, 그들의 어리석은 마음은 어둠으로 가득 찼습니다."

4. 고린도전서 10:11, "이 모든 일들은 우리 조상들에게 본보기로 일어난 일들이며, 세상의 종말이 다가오는 시대에 살고 있는 우리에게 경고를 하기 위해 기록되었습니다."

5. 에베소서 1:12~14, "그리스도 안에서 첫 소망을 가진 우리들을 통해 하나님께서는 찬양을 받기 원하십니다. … 성령은 하나님께 구속함을 받은 모든 자들에게 큰 자유를 주셔서 하나님께 찬양을 돌리게 하실 것입니다."

6. 요한계시록 4:11, "우리 주 하나님! 주님은 영광과 존귀와 능력을 받으시기에 합당한 분이십니다. 주님의 뜻에 따라 온 세상이 창조되고 또한 존재하고 있습니다.

### 3. 이해할 수 없는 하나님의 길

■ 하나님의 생각과 길은 너무 높아서 다 이해할 수 없다. 다음 성경 말씀과 글을 읽고, 당신의 마음에 다가오는 느낌이나 생각을 말하라.

1. 이사야 55:8~9, "'내 생각은 너희 생각과 다르며 내 길은 너희 길과 다

르다.' 여호와의 말씀이다. '하늘이 땅보다 높음같이, 내 길은 너희 길보다 높으며, 내 생각은 너희 생각보다 높다…'"

하나님의 생각과 길, 그리고 사람의 생각과 길이 어떻게 다른가? 성경은 그 차이를 땅과 하늘로 비교했다. 땅이 넓어야 얼마나 넓고, 높아야 얼만큼 높을까? 세상에서 가장 높은 산은 네팔에 있는 에베레스트 산으로 8,848m이다. 우주에서 내려다 보이는 지구의 넓이는 그저 점 하나에 불과하다. 그에 비해 하늘은 어떤가? 하늘의 넓이는 끝도 없고, 높이도 한이 없다. 현재 지구에서 500km 떨어진 상공에는 지난 1990년 디스커버리 우주선이 옮겨놓은 허블 우주 망원경이 놓여져 있다. 이 망원경으로 수십억 광년까지의 천체들을 관측할 수 있다고 한다. 1광년이란 빛이 1년 동안 간 거리를 뜻한다. 빛은 1초에 약 30만km를 간다. 지구에서 달까지의 거리가 광속으로 1.28초 걸린다고 한다. 그런데 우주의 크기를 2백억 광년으로 추정하고 있다. 이는 한마디로 하늘이 끝없다는 것을 의미한다. 이것이 하늘이다. 그 하늘이 하나님이시고 우리가 땅이라면, 하늘이 땅보다 높음같이 하나님께서 우리보다 높고 위대하심을 믿는 것은 너무도 당연하다. 그럼에도 불구하고 많은 이들이 하나님을 믿는다고 하면서도 하나님보다 자기 생각과 뜻대로 사는 것을 볼 수 있다. 그리고 자기 생각과 방법이 무산될 때마다 절망과 탄식 속에서 자신의 소중한 시간들을 허비하고 있다. 그러므로 우리가 하나님을 믿는다는 것을 좀 더 구체적으로 표현하면, 하나님의 생각과 내 생각, 그리고 하나님의 길과 내 길의 차이를 인정하는 것이며, 내 생각과 다르더라도 하나님의 뜻에 따르고 순종하는 것을 의미한다.

2. 인간 예수도 아버지의 뜻을 높이심(마 26:39), "나의 아버지, 할 수만 있다면 제게서 이 잔을 지나가게 해 주십시오. 그러나 내 뜻대로 하지 마시고, 아버지의 뜻대로 하시길 원합니다."

3. 영국의 목사 찰스 스펄전(C. H. Spurgeon, God's Providence 하나님의 섭리. p. 19.)

"하나님의 섭리는 놀랍도록 난해하다. 우리는 모든 것을 하나님의 섭리를 통해 보기 원한다. 그렇지 않은가? 그러나 결코 다 볼 수 없다는 것을 확신시키고자 한다. 우리는 충분한 눈을 가지고 있지 못하다. 우리는 우리에게 다가온 고통을 통해 선한 것을 보기 원한다. 그 고통이 영혼에 어떻게 유익을 가져다 주는지 보고자 한다. 그러나 우리는 그것을 지금 당장 볼 수 없다. 볼 수 없지만 그 안에 담긴 유익을 믿으라. 하나님을 신뢰하기에 그분의 방법도 공경하라."

### 4. 욥의 고난과 하나님의 섭리 (욥기 1~2장)

① 욥은 어디에 살았고, 그의 사람됨은 어떠하였는가? (1:1)

② 욥의 자녀와 재산은 어떠하였는가? (1:2~3)

③ 욥이 잃어버린 것들은 무엇이었는가? (1:13~19, 2:7~9)

④ 인생의 엄청난 상실로 인한 고통의 한복판에서 욥은 어떻게 고백했는가? (1:21~22, 2:10)

⑤ 결국 욥의 고난을 통해 우리에게 주려고 하는 메시지는 무엇인가?

⑥ 아래의 욥기 42장 2~6절을 읽으라. 고난이 지난 후, 욥이 깨달은 영적 교훈이 무엇이었으며, 이러한 교훈이 내 삶에 어떻게 자리잡고 있는가에 대해 말하라.

"주께서는 무슨 일이든지 하실 수 있기 때문에 아무도 주님의 뜻을 방해할 수 없는 줄 압니다. '무식한 말로 내 뜻을 가리는 자가 누구냐?'고 물으셨지요? 정말 저는 알지도 못하면서 말하였고, 깨닫지 못하는 일들을 아는 체하였습니다. 주님께서 '들어라, 내가 말하겠다. 내가 묻겠으니 너는 대답하여라'고 하셨지요? 주님에 대하여 귀로 듣기만 했는데, 이제 저는 주를 눈으로 직접 보았습니다. 이제 제 자신을 경멸합니다. 그리고 티끌과 재 가운데서 회개합니다."

__돈 베커(Don Baker, Pain's Hidden Purpose: Finding Perspective in the Midst of Suffering. 아픔에 감춰진 목적: 고통의 한복판에서 발견하는 진상 파악 [욥기 강해서], p. 103.): "나는 오래전에 내 인생 속의 왜(Why?)에 대한 질문을 중단했다. 하나님은 아무런 설명도 내게 빚지지 않았다. 하나님은 그분이 원하시는 일을 원하시는 때에 원하시는 방법으로 행하실 권리가 있으시다. 왜인가? 그분은 하나님이시기 때문이다. 가장 지혜롭고 선하며, 완전하신 분이시기 때문이다."

## 5. 모든 것을 합력하여 선을 이루시는 하나님

1. 로마서 8:28~29, "우리가 알거니와 하나님을 사랑하는 자 곧 그의 뜻대로 부르심을 입은 자들에게는 모든 것이 합력하여 선을 이루느니라. 하나님이 미리 아신 자들을 또한 그 아들의 형상을 본받게 하기 위하여 미리 정하셨으니 이는 그로 많은 형제 중에서 맏아들이 되게 하려 하심이니라"(개역개정).

   ① "하나님을 사랑하는 자"를 누구라 했고, 왜 그러한가?

   ② 여기서 선(Good)이란 구체적으로 무엇을 의미하는가?

   ③ 이 말씀에 하나님의 측량할 수 없는 지혜가 어떻게 나타났는가?

   > 미국의 목사이자 작가 제리 브릿지스(Jerry Bridges, Trusting God Even When Life Hurts, 삶이 괴로울지라도 하나님을 신뢰하라. p. 120.): "하나님이 우리 삶 속에서 합력하여 이루게 하시는 선이란 그의 아들의 형상을 본받게 하는 것이다. 그것은 삶의 위로나 행복을 의미하는 것이 아니라, 현생에서 그리스도의 장성한 분량이 충만한 데까지 이르는 것이요, 이 생에서 완성되는 것이다."

2. 히브리서 12장 6~8절을 읽고, 다음 물음에 답하라.

   ① 하나님은 누구에게 벌을 주시며 채찍질하신다고 했는가?

   ② 우리는 받는 고난을 어떻게 알아야 한다고 했는가?

   ③ 아무 훈계가 없다면 누구와 같다고 했는가?

   ④ 이 말씀에 하나님의 측량할 수 없는 지혜가 어떻게 나타났는가?

3. 시편 119편 67~72절을 읽고, 다음 물음에 답하라.

① 고난 받기 전과 후에 무엇이 달라졌는가?

② 왜 시인은 고난 받음이 유익하다고 했는가?

③ 시인은 주의 말씀이 수천 개의 금보다 더욱 귀하다고 했는데, 당신도 그리 생각하는가?

④ 이 말씀에 하나님의 측량할 수 없는 지혜가 어떻게 나타났는가?

Note

Note

**결 론**
conclusion

**하나님은 무한히 지혜로우셔서 우리를 위한 최선의 것과 방법을 알고 행하신다.**

1. 솔로몬은 다음과 같이 말했다. "너의 행사를 여호와께 맡기라 그리하면 네가 경영하는 것이 이루어지리라"(잠 16:3).

   ① "여호와께 맡긴다"는 것은 어떻게 하는 것인가?

   ② 당신은 이 말씀을 어떻게 순종하고 있는가? 여호와께 맡김으로 일이 이루어진 경험한 돌아보고 다른 이에게 말해보라.

2. 다윗은 시편 131편 1~2절에서 다음과 같이 고백했다: "여호와여, 내 마음은 허황되지 않으며, 나의 눈은 교만하지 않습니다. 나는 커다란 일들에 관심을 두지 않으며, 너무 놀라운 일들에도 관심을 두지 않습니다. 그 대신 나는 잠잠하고 조용히 있습니다. 내 영혼이 어머니와 함께 있는 젖 뗀 아이와 같습니다."

① 다윗은 자신의 영성을 "어미 품에 안긴 젖 뗀 아이"라 했다. 당신의 영성은 어떻게 표현할 수 있을까?

② 다윗의 "어미 품의 젖 뗀 아이"는 구체적으로 어떤 마음과 태도를 가진 것인가?

③ 다윗의 영성과 비교할 때, 지금 당신에게 가장 필요한 것은 무엇이라 생각하는가?

Note

# chapter 04 | 묵상과 반성을 위한 질문

● 오늘의 공부를 통해 당신에게 다가온 새로운 깨달음이나 도전은 무엇인가?

● 고린도후서 12장 7~10절을 읽고, 다음 물음에 답하라.

_여기에 하나님의 측량할 수 없는 지혜가 어떻게 나타났는가?

_바울은 나타난 하나님의 지혜에 대해 어떤 태도를 취했는가?

_오늘 당신이 하나님의 지혜에 맡겨야 할 부분들이 있다면 무엇인가?

● 성경은 다음과 같이 약속한다: "너희 중에 지혜가 부족하거든 모든 사람에게 후히 주시고 꾸짖지 아니하시는 하나님께 구하라. 그리하면 주시리라. 오직 믿음으로 구하고 조금도 의심하지 말라."(약 1:5~6) 당신의 삶 속에서 하나님의 지혜가 가장 필요한 부분은 무엇인가? 그 일을 위해 지금 하나님의 지혜를 구하라.

● 야고보서 3장 16~18절을 읽고, 다음 물음에 답하라.

_위로부터 온 지혜, 즉 하나님이 주시는 지혜의 특징은 무엇인가?

_하나님의 지혜가 아닌 세상적 지혜는 어떤 특징을 가지는가?

_당신의 인격과 삶은 어느 쪽에 더 가까운가? 하나님인가 세상(또는 사탄)인가?

The Sovereignty of God
&
Human Responsibility

작곡가 바흐(Johann Sebastian Bach, 1685~1750)는 교회음악사상 가장 뛰어난 인물 중 하나다. 그의 이름은 역사 속에 찬란히 빛나지만, 그의 삶은 고난과 좌절의 연속이었다. 바흐는 10세가 되기 전에 아버지와 어머니를 잃었다. 그의 사랑하는 아내도 결혼 13년째 되는 해에 죽었다. 두 번의 눈 수술을 받았지만 결국 시각 장애인이 되었다. 뇌출혈로 쓰러져 반신불수가 되었다. 그의 삶은 이처럼 모질고 험악한 고통과 시련의 연속이었다. 그러나 독실한 그리스도인이었던 그는 그토록 사망의 그늘이 음침한 인생의 골짜기를 지날 때, 늘 하나님께 부르짖어 기도했다. 고통이 다가올수록 더욱 더 주님께 매달려 기도함으로 늘 성령이 충만했다.

그는 항상 다음과 같이 말했다: "모든 음악의 궁극적인 목적은 오직 하나님께 영광을 돌리는 것이어야 한다. 인간 영혼의 안위만을 위한 음악은 참 음악이 아니다." 그는 작곡을 할 때, 맨 먼저 "J.J."라고 썼다. 그것은 "Jesus Juva"를 뜻하는 라틴어의 약자로, "예수여 나를 도우소서!"(Jesus help me)를 가리킨다. 또 그는 작곡이 끝났을 때, "S.D.G."라고 썼다. 그것은 "Soli Dei Gratia"를 뜻하는 라틴어의 약자로, "오직 하나님께만 찬양을"(To God alone the praise)이란 의미이다.

이런 바흐를 통해 믿음으로 산다는 게 무엇인가를 새삼 배우게 된다. 하나님을 모신 사람은 어떤 환경에서도 흔들리지 않는다. 유혹에 동요되지도, 고난에 쓰러지지도 않는다. 오직 하나님의 기뻐하심과 영광을 위하여 살고자 한다. 그리하여 하나님의 붙들어주심과 다스리심을 체험한다.

하나님의 절대주권에 대해 한나는 다음과 같이 말했다. "여호와는 죽이기도 하시고 살리기도 하시며 스올에 내리게도 하시고 거기에서 올리기도 하시는도다. 여호와는 가난하게도 하시고 부하게도 하시며 낮추기도 하시고 높이기도 하시는도다"(삼상 2:6~7, 개역개정). 우리가 하나님을 마음속에 모시고, 그분의 절대주권을 의지하며 살아야 하는 이유가 바로 여기에 있다.

chapter 05

# 하필이면 왜 십자가인가, 다른 길은 없었는가

The Sovereignty of God
& Human Responsibility

"높음이나 깊음이나 다른 어떤 피조물이라도
우리를 우리 주 그리스도 예수 안에 있는 하나님의 사랑에서 끊을 수 없으리라."
로마서 8:39, 개역개정

"내가 너희 중에서 예수 그리스도와 그가 십자가에 못 박히신 것 외에는
아무것도 알지 아니하기로 작정하였음이라."
고린도전서 2:2

"하나님께서는 거기에 오직 한 사람만 있는 것처럼 우리 각자를 사랑하신다."
성 어거스틴, St. Augustine, 354~430

"우리가 전능하신 하나님께 드릴 수 있는 가장 위대한 존귀는
그분의 우리를 향한 사랑을 알기에 즐겁게 사는 것이다."
노리치의 줄리안, Julian of Norwich, 1342~1416

## 서 론
introduction

하나님께 나아가는 첫 계단은 하나님의 사랑을 아는 것이다. 세상의 모든 창조물은 하나님의 사랑을 증명한다. "하나님은 사랑이심이라"(요일 4:8)는 문구는 방긋이 웃으며 피어나는 아름다운 꽃봉오리마다, 뾰족뾰족 돋아나는 파란 새싹마다 기록되어 있다. 하늘을 즐거운 노래로 가득 채우는 예쁜 새들, 향기를 풍기는 고운 꽃들, 잎이 청청하게 무성한 수풀과 나무들, 이 모든 것은 우리를 향한 하나님의 사랑 곧 우리를 어버이처럼 돌보시며, 우리가 행복하기를 원해서서 모든 것을 공급하시는 아버지 하나님의 사랑을 증명한다.

무엇보다도 사랑이신 하나님은 자기의 독생자를 세상에 보내심으로 그 사랑을 나타내 보이셨고, 그로 인하여 우리 죄인들을 살리셨다. 독생하신 아들이며(요 3:16), 자신의 본체이신(빌 2:6) 그리스도를 범죄한 인간들을 구원하기 위해 죽기까지 내어 주셨다. 기독교는 그리스도에 대한 종교이며, 그리스도의 가장 중요한 사실은 십자가이다. 그리스도의 십자가야 말로 모든 영적인 복의 기초(롬 8:31~32), 참된 그리스도인의 삶의 원천(롬 6:1~11; 8:3~4), 교회 성례의 토대(고전 11:23~26)이다. 십자가를 통해 나타난 하나님의 사랑은 그 어떤 사랑과 감히 비교할 수 없는 최고, 최극의 사

Note

랑이다. 그러므로 바울은 이 세상의 그 무엇도, 그 누구도 "우리 주 그리스도 예수 안에 있는 하나님의 사랑에서 끊을 수 없다"(롬 8:39)고 고백한 것이다. 그리스도인이란 이 놀라운 사랑의 손길 아래 사는 자이다.

> **교훈의 핵심** 하나님은 십자가를 통해 나타난 무한하고 완전한 사랑으로 우리를 사랑하기 때문에 우리는 어떤 경우에도 하나님의 사랑을 신뢰할 수 있고 또 신뢰해야만 한다.

### 1. 사랑이신 하나님

■ 다음 성경 말씀을 세 번 이상 읽고, 그 의미를 음미하며 마음으로 되새기라. 마음에 다가오는 느낌이나 생각을 말하라.

1. 이사야 54:10, "산들이 사라지고 언덕들이 옮겨진다 하더라도, 너에 대한 나의 사랑은 절대로 변하지 않는다. 내 평화의 약속은 없어지지 않는다. 너에게 자비를 베푸는 여호와의 말씀이다."

2. 스바냐 3:17, "네 하나님 여호와께서 너와 함께 계신다. 능력의 하나님께서 너를 구해 주실 것이다. 주께서 너를 기뻐하실 것이며 너는 주의 사랑 안에서 편히 쉴 것이다. 너를 보시고 노래하며 즐거워하실 것이다."

3. 로마서 8장 35~38절을 읽고, 다음 물음에 답하라.
   ① 여기서 바울은 우리의 삶을 위협하는 어떤 요소들을 열거했는가?
   ② 우리가 이 모든 위협적인 상황에서도 이길 수 있는 근거는 무엇인가?
   ③ 이 말씀을 통해 다짐하고 가다듬어야 할 신앙 자세는 무엇인가?

## 2. 하나님 사랑의 극치

■ 다음 성경 말씀을 세 번 이상 읽고, 그 의미를 음미하며 마음으로 새기면서, 하나님의 사랑이 어떻게 나타났는가를 말하라.

1. 요한복음 3:16, "하나님이 세상을 이처럼 사랑하사 독생자를 주셨으니 이는 그를 믿는 자마다 멸망하지 않고 영생을 얻게 하려 하심이니라"(개역개정).

2. 로마서 5:6~8, "우리가 아직 연약할 때에, 그리스도께서 시의적절할 때에 경건하지 않은 사람들을 위해 죽으셨습니다. 의인을 위해 죽는 사람은 거의 없습니다. 간혹 선한 사람을 위해 죽겠다고 나서는 사람이 있을런지는 모르겠습니다. 그런데 그리스도께서는 우리가 아직 죄인이었을 때에 우리를 위해 죽으셨습니다. 이것으로써 하나님께서는 우리를 향한 그분의 사랑을 나타내셨습니다."

3. 요한일서 4:9~10, "하나님은 그의 독생자를 이 땅에 보내심으로 우리를 향한 그분의 사랑을 보여 주셨으며, 그를 통해 우리에게 생명을 주셨습니다. 진실한 사랑이란 하나님을 향한 우리의 사랑이 아니라, 우리를 향한 하나님의 사랑인 것입니다. 하나님은 당신의 아들을 보내셔서 우리의 죄를 위해 화목 제물이 되게 하셨습니다."

중세에 어떤 수도원에서 설교를 맡은 수도사가 광고를 했다. "다음 주일 저녁에는 '하나님의 사랑'이란 주제로 설교를 하겠습니다." 다음 주일 저녁 어두움이 밀려오자, 예배당 창문으로 넘나들던 희미한 빛줄기마저 끊어졌다. 설교자가 어둠이 가득 찬 예배당의 제단 위에서 촛불 하나를 켰다. 촛불을 손에 들고 제단 뒷벽에 매달린 그리스도의 십자가상으로 다가갔다. 먼저 그리스도가 쓰고 있는 가시 면류관을 비추었다. 다음엔 못 박힌 양손, 그 다음엔 옆구리에 난 창에 찔린 자국. 그리고는 촛불을 훅 불어 끈 다음, 문을 열고 예배당 밖으로 나갔다. 누구도 아무 말도 하지 않았다. 거기에 더 이상 할 말이 없었기 때문이다.

Note

### 3. 영원 안에서 예정된 십자가

■ 예수 그리스도의 십자가는 영원 안에서 예정되었고, 하나님의 영원하신 뜻을 따라 시간과 역사 속에서 일어났다. 다음에 예시된 성경구절을 다 찾아 읽고, 십자가의 의미를 정리하며 깊이 묵상하라.

1. 오순절 성령 강림 후 베드로의 설교(행 2:22~24), 베드로는 예수 그리스도가 자신을 불법한 자들에게 내어 주고 십자가에 못 박혀 죽으신 일이 '하나님이 미리 정하신 뜻과 미리 아신 대로 성취'되었다고 설명하였다.

2. 사도 베드로와 요한이 풀려난 후에 다른 사도들과 함께 하나님께 드린 기도(행 4:27~28), 헤롯과 빌라도가 예수 그리스도를 대항하는 음모를 꾸미고 그 분을 십자가에 매달아 죽인 사건은, 궁극적으로 하나님의 뜻과 예정에 따라 이루어진 것임을 확증해 주었다.

3. "창세 전부터 미리 알리신 바" 되었다(벧전 1:19~20, 개역개정), '세상을 창조하기도 전에 이미 예정되고 선택되었다'는 뜻으로, 하나님의 아들 예수 그리스도가 이 땅에 오셔서 십자가에 달려 죄인들을 대신해 피 흘리시고 죽으시리라는 것은 영원 안에서 이미 예정된 사건이었음을 설명하였다.

4. 예정 교리에 대한 포괄적 설명(엡 1장), 하나님께서 창세 전에 우리를 예정하시고 선택하신 것이 '예수 그리스도 안에서' 이루어진 일임을 설명하였다.

### 4. 구약에서 예언되고 예표된 십자가

- 예수 그리스도의 십자가 사건은 구약의 유구한 역사 속에서 면면히 흐르는 하나님의 약속과 예언을 따라 이루어졌다. 다음에 예시된 성경 구절을 다 찾아 읽고, 깊이 묵상하라.

    1. 이삭 대신 번제로 드려진 숫양(창 22:13)

    2. 유월절 어린 양(출 12:1~14)

    3. 구약의 다양한 제사(레 17:11)

    4. 고난 받는 여호와의 종(사 53:4~6)

    5. 기타: 최초의 복음(창 3:15)/ 가죽 옷을 지어 입히시는 하나님의 사랑(창 3:21)/ 장대 위에 달린 놋뱀(민 21장)/ 라합의 붉은 줄(수 2, 6장)/ 다윗의 시(시 22편)/ 건축자의 버린 돌(시 118편) 등

## 5. 십자가 사건의 신학적 의미: 대리적 속죄 혹은 형벌적 대속

- **인간에 대하여**

    1. 화목(Propitiation): 그리스도는 대속적 희생을 통해 의로우신 하나님의 요구를 만족시키시고 모든 믿는 자를 향한 하나님의 진노를 가라앉히셨다(롬 3:25~26, 요일 2:2, 4:10, 히 2:17).

    2. 구속(Redemption): 그리스도는 당신의 희생의 죽음으로 택하신 신자들을 죄와 죄책과 죽음의 형벌에서 해방하셨다(눅 1:68, 4:17~21, 마 26:28, 엡 1:7, 롬 3:24, 골 1:14, 히 9:15).

3. 화해(Reconciliation): 죄인들에게 적대적이었던 하나님께서 그리스도로 인해 죄인들과 화해하게 되었고, 하나님과 인간 사이에 서로 깊은 교제를 할 수 있게 되었다(엡 2:13~22, 롬 5:9~10).

■ **하나님에 대하여: 계시(Revelation)**
그리스도의 십자가는 하나님의 공의와 사랑, 하나님의 전능과 지혜의 영광을 가장 잘 보여 주신 하나님의 위대한 계시(롬 3:25~26)

■ **사탄에 대하여: 승리(Victory)**
하나님께서 그리스도의 죽음과 부활을 통해 썩어 없어질 원수들 곧 율법과 죄와 사망에 대해 승리를 거두셨다고 단언함(고전 15:55~57)

### 6. 십자가의 영성 – 신자를 변화시키는 십자가의 능력

영성(spirituality)이란 '하나님과 함께하는 삶(Life with God)'인데, 달리 말하면 '성령의 은혜를 통해 예수 그리스도의 인격과 삶을 닮아 가는 영적 지향성'이다.

1. 십자가와 제자도: 예수님을 따라 참 제자가 되려는 사람은 자기의 고난과 죽음의 십자가를 지고 따라야 함. "이것을 위해 여러분은 부르심을 받았습니다. 그리스도께서 여러분을 위해 고난을 받으심으로 우리가 따라야 할 모범을 보여 주셨습니다. 그러므로 그리스도의 발자취를 따르십시오"(벧전 2:21).

2. 십자가와 자기 부인: 제자도의 핵심으로서의 십자가를 지는 것은 곧 자기 부정 의미. "만일 누구든지 나를 따라오려면 자기를 부정하고, 자기 십자가를 지고, 나를 따르라"(마 16:24).

3. 십자가와 사랑: 십자가에 나타난 하나님의 사랑을 깊이 깨닫고 체험한 사람은 하나님을 사랑하고 사람을 사랑하는 사람으로 변해감. "예수님께서 우리를 위하여 그의 생명을 주심으로써 우리는 진실한 사랑이 어떠한 것인지를 알게 되었습니다. 그러므로 우리도 우리 형제를 위하여 우리 생명을 내어 줌이 마땅합니다"(요일 3:16).

4. 십자가와 거룩: 우리의 죄를 위한 그리스도의 십자가는 우리의 영혼과 육체가 날마다 죄로부터 거룩해야 하며, 우리의 생각과 말과 행실이 거룩해야 함을 보여줌. "그리스도 예수께 속한 사람은 자기 육체를 정욕과 욕망과 함께 십자가에 못 박았습니다"(갈 5:24).

### 7. 하나님 사랑의 비유

■ 다음 말씀을 읽고, 하나님의 사랑이 어떤 모습으로 나타났는가를 말하라.

1. 이사야 49:15

2. 시편 103:13

3. 로마서 8:15

4. 시편 23:1

5. 요한복음 10:11~14

6. 누가복음 15장의 세 가지 비유

 ① 잃은 양의 비유(15:3~7)

② 잃은 드라크마의 비유(15:8~10)

③ 탕자의 비유(15:11~32)

### 8. 징계하는 하나님의 사랑

1. 하나님은 왜 이스라엘 백성을 징계한다고 하셨는가?(사 1:4~5)

2. 주님이 징계할 때 어찌해야 하며, 왜 그러한가?(히 12:5~6)

   필립 휴스(Philip Hughes, A Commentary in the Epistle to the Hebrews. 히브리서 주석. p. 528.): "징계는 잔인하고 무감각한 아버지가 아니라, 자식의 성장과 행복을 위한 아버지의 깊고 사랑스러운 관심을 보여준다."

3. 호세아 11장 1~4절을 읽고, 다음 물음에 답하라.

   ① 하나님과 이스라엘이 어떤 관계를 가진 모습으로 묘사되었는가?(1절)

   ② 이스라엘이 범한 죄악은 무엇인가?(2절)

   ③ 하나님의 탄식이 어떻게 나타났으며, 왜 탄식하시는가?(3~4절)

   ④ 여기 이스라엘을 당신 자신으로 바꾸어 묵상한 후, 하나님께 감사할 일들이 무엇인가를 생각하라.

### 9. 무한하고 영원하신 하나님 사랑

■ 다음 성구에 하나님의 사랑이 어떻게 나타났는가? 이에 대한 당신의 느낌이나 생각을 말하라.

1. 시편 100:5

2. 시편 103:8

3. 시편 103:17

> 하나님은 무한하고 완전한 사랑으로 우리를 사랑하시되, 그리스도를 십자가에 내어 주시기까지 사랑하기 때문에 우리는 어떤 경우에도 하나님의 사랑을 신뢰할 수 있다.

Note

1. 이사야 43장 1~4절을 읽고, 다음 물음에 답하라.

   ① 우리의 소유권이 누구에게 있고, 왜 그러한가?(1절)

   ② 하나님께서 우리를 어떻게 하시겠다고 말씀하셨는가?(2절)

   ③ 하나님께서 우리를 위해 그리 하시는 이유가 무엇이라 했는가?(3~4절)

   ④ 이 말씀을 통해 우리가 배우고 익혀야 할 삶의 태도는 무엇인가?

2. 고린도후서 1장 8~11절을 읽고, 다음 물음에 답하라.

   ① 바울이 아시아에서 어떤 일을 당했으며, 그 일에 대한 느낌을 어떻게 표현했는가? (8~9절)

   ② 바울은 왜 그런 일이 발생한 것이라고 이해했는가?(9절)

   ③ 누가 그 일로부터 구해 주었다고 했으며, 앞으로도 비슷한 상황에서 어찌하겠다고 했는가? (10절)

   ④ 이런 하나님의 은혜가 무엇을 통해 임했다고 했는가?(11절)

   ⑤ 결국 여기에 나타난 바울의 믿음을 어떻게 간단히 요약할 수 있을까?(참고; 고후 1:3~7)

## chapter 05 | 묵상과 반성을 위한 질문

● 오늘 공부를 통해 새롭게 깨달은 것이나 도전 받은 부분에 대해 말하라.

● 하나님은 이사야 41장 10절에서, 다음과 같이 약속하셨다. "두려워하지 말라. 내가 너와 함께 함이라 놀라지 말라 나는 네 하나님이 됨이라 내가 너를 굳세게 하리라 참으로 너를 도와 주리라 참으로 나의 의로운 오른손으로 너를 붙들리라."

_이 말씀을 암기하라.

_눈을 감고 말씀을 되새기면서 '굳세게 하시며, 의로운 오른손으로 붙들어 주시는 하나님의 손길'을 상상하라.

_모든 두려움과 놀라움을 주님 앞에 내려놓으라.

_"볼지어다 내가 세상 끝날까지 너희와 항상 함께 있으리라"(마 28:20)는 말씀은 그리스도께서 승천 직전 제자들에게 하신 약속이다. 이 약속의 말씀이 당신의 삶 속에서 확인되고 있는가? 만약 경험되고 있지 않다면, 왜 그러한가? 또 경험되고 있다면, 어느 부분에서 나타나고 있는가를 말하라.

The Sovereignty of God
&
Human Responsibility

아버지와 두 아들이 아름다운 남태평양 섬 근처를 항해하던 중, 한 섬에 정박하여 휴식을 즐기고 있었다. 아버지는 십 대인 두 아들에게 주의를 주며 말했다. "얘들아! 여기서는 절대 수영을 하지 마라. 이 바다에는 상어가 많이 있어서 위험하니까 그냥 배 안에서 놀아라!" 시간이 흘러 지루해진 동생이 바닷속으로 풍덩 들어가 수영을 하기 시작했다. 놀라서 말리는 형에게 동생은 소리쳤다. "형! 상어가 한 마리도 안 보여. 형도 빨리 물속에 들어와! 같이 수영하자!" 망설이던 형도 자꾸 조르는 동생을 못 이겨 물속에 뛰어들었다. 얼마 후, 배 밑에서 일을 하다가 올라온 아버지는 바닷속에서 수영을 하고 있는 두 아들을 발견했다. 그런데 보니 수많은 상어 떼들이 두 아들을 향해서 몰려오는 것이 아닌가! 아버지는 소리를 질렀다. "상어 떼다! 빨리 물에서 나와! 빨리!" 놀란 두 아들이 헤엄을 쳐서 나오려고 했지만, 빠른 속도로 몰려드는 상어 떼들을 당해낼 수가 없었다. 상어 떼들이 막 두 아들 가까이 접근하려는 순간, 아버지는 칼로 자기 손목을 베어 피를 내고는 아들들의 반대편 바닷속으로 뛰어들었다. 피 냄새를 맡은 상어 떼들은 피를 흘리는 아버지 쪽으로 방향을 돌렸다. 무사히 헤엄을 쳐서 물가로 나온 아들들이 숨을 돌렸을 때, 아버지는 상어 떼 속으로 사라지고 다시는 찾을 수 없었다. 두 아들을 위한 이 아버지의 사랑은 우리를 구원하시기 위해 모든 것을 주신 하나님 아버지의 사랑을 말해 준다.

# chapter 06

## 칼뱅주의와 알미니안주의, 무엇이 문제인가

The Sovereignty of God
& Human Responsibility

"하나님께서는 이 세상이 창조되기 전, 그리스도의 사랑 안에서
우리를 흠 없는 거룩한 백성으로 선택하셨습니다.
또한 그때부터 예수 그리스도를 통해 우리를 자녀 삼으시기로 작정하셨습니다."
에베소서 1:4~5

"하나님께서는 모든 사람이 구원받기를 원하십니다.
또한 모든 사람이 진리를 알기를 원하십니다."
디모데전서 2:4

"흩어져 살고 있는 하나님의 선택된 백성에게 이 편지를 씁니다.
하나님께서는 오래 전에 여러분을 선택하셨고, 그분의 거룩한 백성으로 삼기로
계획해 놓으셨습니다. 또한 성령을 통해 여러분을 거룩하게 하셨습니다."
베드로전서 1:1~2

## 서 론
introduction

Note

구원 받을 때 하나님의 주권과 인간의 자유의지와의 관계는 무엇일까? 성경은 하나님이 누가 구원 받을지를 아신다고 했다(롬 8:29, 벧전 1:2). 신자들은 구원을 위해 미리 예정되고 선택되었다(롬 8:29~30; 엡 1:4~5,11). 동시에 성경은 우리에게 선택을 위한 자유의지가 있다고 한다. 우리는 구원받기 위해 예수 그리스도를 믿어야 한다(요 3:16, 롬 10:9~10). 하나님은 구원 받을 자를 알고, 구원 받을 자를 선택하시며, 그리고 우리는 구원 받기 위해 반드시 그리스도를 선택해야만 한다. 이 세 가지가 어떻게 조화되는지를 이해하기는 우리의 유한한 생각으로 불가능하지만(롬 11:33~36), 이에 대한 지적 추구는 거치지 않으면 안 될 중요 과제이다.

> **교훈의 핵심** 하나님의 주권과 인간의 자유는 동전의 양면과 같이 전자가 후자에게 억지로 힘을 행사하지 않는 형태로 공존한다. 하지만 어떤 경우에도 하나님은 그분의 지극히 높으신 영원한 목적에 따라 다스리신다.

Note

## 1. 개혁주의(Calvinism/Reformed Theology)와 알미니안주의(Arminianism/Wesleyanism)의 차이

■ **개혁주의 5대 교리(TURIP)**

**출발점(Starting point): 절대주권자이신 하나님께서 인간 구원을 주도하신다**

"내가 계획한 일은 반드시 이루어지며, 내가 하고자 하는 일은 반드시 한다. … 내가 한 말을 이루겠고, 내가 계획한 그대로 행하겠다"(사 46:10~11).

1. 전적 무능 혹은 전적 부패(Total Depravity): 인간은 스스로 구원을 얻기 위해 아무것도 할 수 없는 전적 타락의 존재이며, 중생까지 절대 하나님의 역사로만 가능하다.

   "의인은 한 사람도 없다. 깨닫는 사람도 없고, 하나님을 찾는 사람도 없다. 모두가 곁길로 나가 하나같이 쓸모없게 되었다"(롬 3:10~12).

   "나를 보내신 아버지께서 이끌지 않으면 아무도 내게로 올 수 없다"(요 6:44).

2. 무조건적 선택(Unconditional Election): 사람의 자유의지 없이 하나님께서 창세 전에 일방적으로 바꿀 수 없는 작정에 의해 개인이 선택되었다. 따라서 구원과 멸망이 결정되었다(二重豫定, Double predestination, 또는 유기).

   "하나님께서는 이 세상이 창조되기 전, 그리스도의 사랑 안에서 우리를 흠 없는 거룩한 백성으로 선택하셨습니다. 또한 그때부터 예수 그리스도를 통해 우리를 자녀 삼으시기로 작정하셨습니다"(엡 1:4~5).

   "'걸려 넘어지게 하는 돌과 바위가 되었다'라는 말씀과 같습니다. 그들은 하나님의 말씀에 순종하지 않기 때문에 넘어집니다. 바로 이것이 그들을 향한 하나님의 계획이기도 합니다"(벧전 2:8).

"장 칼뱅은 다음과 같이 말했다. '하나님은 모든 이를 동일한 조건으로 창조하지 않았으니, 어떤 이들은 영원한 생명으로 또 어떤 이들은 영원한 멸망으로 정하셨다.'" (John Calvin said that God does not create everyone in the same condition, but ordains eternal life for some and eternal damnation for others.) (Cited in Alister McGrath, Christian Theology. 크리스천 신학. p. 396). [참고: 모든 칼뱅주의자들이 이중예정을 믿는 것은 아니다. 다수는 하나님은 오직 선택한 자들의 구원을 위해서는 적극적이나, 선택하지 않은 자들에 대해서는 부정적이라고 한 어거스틴의 가르침을 따른다.]

Note

3. 제한된 속죄(Limited Atonement): 예수 그리스도의 십자가는 모든 사람의 죄를 위해 희생한 것이 아니고, 예정된 소수의 사람들만의 속죄를 위한 것이다.

"마리아가 아들을 낳을 것인데, 이름을 예수라고 하여라. 그가 자기의 백성을 죄에서 구원해 낼 것이다"(마 1:21).

"사람이 자기 친구를 위해 자기 목숨을 내놓는 것보다 더 큰 사랑은 없다"(요 15:13).

4. 거절할 수 없는 은혜(Irresistible Grace): 하나님의 구원하시는 은혜는 예정된 자의 구원 얻는 믿음까지도 포함한다. 이 은혜는 인간의 의지에 달려 있는 게 아니기 때문에 거절할 수 없다.

"아버지께서 나에게 주신 사람은 다 내게로 올 것이며, 내게로 오는 자를 나는 결단코 쫓아내지 않을 것이다"(요 6:37).

"이방인들이 듣고 기뻐하여 하나님의 말씀을 찬송하며 영생을 주시기로 작정된 자는 다 믿더라"(행 13:48, 개역개정).

5. 성도의 궁극적인 견인(Perseverance of the Saints): 선택은 하나님께 달린 것이므로, 선택된 자들은 그들의 구원을 잃어버릴 수 없다. 불가항력으로 은혜를 받은 사람은 본인의 의지와 상관없이 하나님의 예정

으로 끝까지 구원이 보존된다.

"하나님께서는 여러분을 부르시고 하나님의 백성으로 선택하셨습니다. 여러분은 자신이 하나님께 선택받은 백성임을 남들이 알 수 있도록 힘써야 합니다"(벧후 1:10).

"우리가 처음에 가졌던 굳은 믿음을 끝까지 지키면, 그리스도 안에서 모든 것을 함께 누리게 될 것입니다"(히 3:14).

칼뱅사상의 장점은 하나님의 절대주권을 존중하는 데 있고, 단점은 개인의 자유의지를 전적으로 무시해버리고 지옥 갈 자는 예정되었다고 함으로써 인간의 책임 회피를 유발시킨다는 것이다. 우리는 하나님의 은혜 안에서 믿음으로 구원을 받았다. 스스로 자신을 구원할 수 없다. 구원은 온전한 하나님의 선물이다.

■ **알미니안주의의 5대 교리** [알미니안주의란 칼뱅의 5대 교리를 강하게 부정한 화란의 신학자 제이콥 알미니우스(Jacob Arminius, 1560~1609)로부터 시작되었다.]

**출발점(Starting point) : "하나님은 모든 인간이 구원 받기를 원하신다."**

"하나님께서는 한 사람이라도 멸망치 않고 모두 회개하고 돌아오기를 바라고 계십니다"(벧후 3:9).

"하나님께서는 모든 사람이 구원 받기를 원하십니다. 또한 모든 사람이 진리를 알기를 원하십니다"(딤전 2:4).

1. **자연적인 타락(Total Depravity)** : 타락한 인간은 스스로 의로워질 수도, 구원될 수도 없다. 그러나 비록 인간의 본성이 타락의 영향을 심각하게 받았다 할지라도, 하나님은 모든 죄인으로 하여금 회개하고 믿을 수 있는 은혜를 주셨다.

"그분은 그가 보고 들었던 것을 증언하신다. 그러나 아무도 그분의 증언을 받아들이지 않는다"(요 3:32).

"보혜사가 오시면, 그분은 죄에 대하여, 의에 대하여, 심판에 대하여 세상이 잘못 생각한 것들을 책망하실 것이다"(요 16:8).

"인간은 불법과 죄로 인해 절망스런 상태로 죽어 있어서, 구원을 얻기 위해 아무것도 할 수 있는 일이 없지만, 하나님은 인간이 그에게 순종할 수 있도록 충분한 능력을 은혜롭게 회복시켜 주었다. 이것이 모든 인간에게 나타난 하나님의 구원을 가져다 주는 은혜이다." (Since mankind is hopelessly dead in trespasses and sins and can do nothing to obtain salvation, God graciously restores to all men sufficient ability to make a choice in the matter of submission to him. This is the salvation-bringing grace of God that has appeared to all men.) [Henry C. Thiessen, Introductory Lectures in Systematic Theology. 조직신학 강의 서론. pp. 344~345.]

2. 조건적인 선택(Conditional Election): 하나님이 예지(豫知)하심으로 사람의 믿는 여부 결정에 따라 인간을 구원하시기로 창세 전에 작정하셨다. 예정(predestination)이나 선택은 우리가 그리스도를 믿게 될 것에 대한 하나님의 예지에 근거한다.

"흩어져 살고 있는 하나님의 선택된 백성에게 이 편지를 씁니다. 하나님께서는 오래 전에 여러분을 선택하셨고, 그분의 거룩한 백성으로 삼기로 계획해 놓으셨습니다. 또한 성령을 통해 여러분을 거룩하게 하셨습니다"(벧전 1:1~2). "하나님께서는 전부터 아셨던 사람들을 그분의 아들과 동일한 형상을 갖도록 미리 정하시고, 하나님의 아들을 많은 형제들 중에서 맏아들이 되게 하셨습니다"(롬 8:29).

3. 보편적, 무제한적 속죄 사역(Unlimited Atonement): 예수 그리스도의 희생은 모든 사람을 위한 것이며, 그 은혜를 거절하는 것은 개인의 믿음 여부에 대한 책임에 따른다.

"예수님만이 우리의 죄를 위해 화목 제물이 되셨으며, 오직 예수님을 통해서만 모든 사람들의 죄가 용서받을 수 있습니다"(요일 2:2).

"우리의 소망은 살아 계신 하나님께 있습니다. 그분은 우리 모두를 구원하실 분이며, 특별히 믿는 자들에게 구원자가 되십니다"(딤전 4:10).

4. 저항이 가능한 은혜(Resistible Grace): 하나님의 은혜가 선행(先行)됨으로만 인간은 구원될 수 있으며 시작, 보존, 완성도 하나님의 은혜가 선행되지만, 개인의 악한 의지에 따라 거부될 수 있다.

"예루살렘아, 예언자들을 죽이고 하나님께서 네게 보내신 사람들을 돌로 친 예루살렘아! 암탉이 병아리들을 날개 아래에 품듯이, 얼마나 내가 너희 자녀를 모으려고 했느냐! 그러나 너희들은 원하지 않았다"(마 23:37).

"이 말씀을 들은 모든 사람들과 세리들은 요한의 세례를 받고, 하나님은 의로우시다고 여겼습니다. 그러나 바리새파 사람들과 율법학자들은 자신들을 향한 하나님의 계획을 거절하고 요한에게 세례를 받지 않았습니다"(눅 7:29~30).

5. 조건부적인 견인(Present Assurance of Salvation): 하나님의 은혜는 구원 얻은 사람을 죄와 유혹에서 능히 지키시고 보존해 주시지만, 인간의 도중 타락과 나태에 의해 은혜가 상실될 수 있다.

"변화된 새 생활로 다시 돌아오지 못하는 사람들도 있습니다. 그들은 한때, 하나님의 빛 가운데 살았고, 하늘의 은사를 맛보며 성령을 경험한 사람들이었습니다. 하나님의 선한 말씀과 앞으로 올 새로운 세상의 능력도 받았습니다. 그런데 그들이 그리스도를 떠나 버렸습니다"(히 6:4~6).

― 알미니안주의의 장점은 예수 그리스도께서 세상 죄(요 1:29)를 지고 가신 사실을 그대로 받으며, 개인의 믿음 수용에 따른 구원에 있다. 단점은 도중에 구원을 잃을 수 있다고 함으로써, 구원에 대한 책임을 지나치게 개인의 자유의지에 맡긴 것이다.

### 3. 두 입장의 요약

1. 칼뱅주의: 구원은 삼위일체 하나님의 전능하신 능력으로 말미암아 성취된다. 성부께서 백성을 택하셨고, 성자는 그들을 위해 죽으셨다. 성령은 택한 자들을 믿음과 회개에 이르게 하사 그리스도의 죽음을 능력 있게 하시고, 그들로 하여금 기쁜 마음으로 복음에 순종하게 하신다. 선택, 구속, 중생의 모든 과정은 하나님의 사역이며, 오직 은혜에 의한 것이다. 이처럼 인간이 아니라 하나님이 구원의 은총 받을 자를 선택한다.

2. 알미니안주의: 인간의 구원은 하나님(주권을 가진 자)과 인간(응답해야 할 자)의 연합 노력을 통하여만 성취된다. 인간의 응답은 결정적 요소가 된다. 하나님은 모든 사람들을 위하여 구원을 예비하셨지만 하나님의 예비는 인간 스스로의 자유의지에 의하여 하나님의 은총의 제의를 받아들이는 자들을 위해서만 효과가 있다. 인간의 의지는 결정적인 역할을 한다. 이와 같이 하나님이 아니라 인간이 누가 구원의 은총을 받을 자인가를 결정한다.

 **결론 conclusion** — ## 하나님의 주권과 자유의지의 대립을 어떻게 받아야 하는가?

성경에서 다루는 주제들은 우리들을 논쟁이 아닌 경배로 이끈다. 하나님의 주권과 인간의 자유는 전자가 후자에게 억지로 힘을 행사하지 않는 형태로 공존하지만, 하나님이 지극히 높으신 영원한 목적에 따라 모든 것을 다스리신다.

1. 하나님의 주권과 속성: 주권은 바른 교리를 사랑하는 모든 신자들이 믿을 수 있는 확실한 것이나, 하나님의 사랑, 공의, 신실, 그리고 불변하심 등과 상충하는 것으로 이해해서는 안 된다. 하나님의 속성을 무시하고 주권만을 강조하면, 하나님의 본질에 불일치를 가져온다. 하나님의 주권은 그의 신성한 본질인 사랑(요일 4:8)을 훼손할 수도 없거니와 훼손해서도 안 된다.

   "칼뱅이 하나님의 주권을 높인 것은 지극히 마땅한 일이다. 하지만 하나님에 대한 자신의 이해를 사랑이 아닌 주권적인 뜻에 지나치게 둔 것은 문제가 있다." (James Orr, The Progress of Dogma, 교리의 발전, p. 292.)

2. 하나님의 주권과 선하심: 하나님은 선하시고 또 선을 행하신다는 성경적인 원칙은 하나님의 주권적인 행위에도 적용된다. 하나님의 영광과 자기 백성들의 선을 위함은 섭리의 이중적 목적이다. 하나님은 결코 자기 백성들의 선을 희생하면서 자신의 영광을 추구하지 않는다. 또한 자신의 영광을 희생하시면서 동시에 우리의 선을 위하시지도 않는다. 하나님은 자신의 영광과 우리의 선이 불가분의 관계가 되도록 영원한 목적을 계획했다(시 104:24, 147:5).

3. 하나님 주권의 범위와 내용: 하나님의 주권이란 하나님은 만물 위에 계셔서 가장 높으시고 가장 위대하신 분이라는 의미이다. 하나님은 전능하시며, 모든 것을 다스리시고, 그분의 영원한 계획과 목적에 따라 만물을 운행하신다(엡 1:11). 하나님은 완전한 통제권을 행하지만, 사람을 꼭두각시처럼 조정하지 않으신다. 하나님은 사람들에게 존엄성과 결정할 수 있는 자유, 그리고 그러한 선택에 대한 책임도 아울러 주신다. 그러한 결정들이 때로는 형언할 수 없는 비참함과 고통에 이르게 하기도 하지만, 하나님은 그것도 허락하신다. 하지만 신성한 전능성으로 하나님은 사람들이 내리는 모든 결정들을 아시며, 신성한 주권으로 하나님은 그러한 선택들을 취해서 하나님 자신의 목적을 이루도록 사용하신다. 이러한 방법으로 하나님은 인간의 모든 결정과 행위에 대해 전적인 통제권을 가지며, 동시에 사람들은 결정할 수 있는 자유의지를 가진다.

Note

■ 복음주의 신학자 제임스 패커(J. I. Packer)의 다음 글은 본 주제에 대한 결론으로서 매우 적절하다. 이에 대한 당신의 느낌이나 생각은 어떠한가?

"하나님의 주권과 우리의 회심에 대해 말할 때, 두 가지를 강조하는 것이 중요하다. 먼저 그리스도께 나아가는 것은 우리의 결정이고 우리의 책임이고 우리의 행동이다. 그러나 일단 우리 자신을 주 예수님께 맡기고 그분을 구주로 영접했다면, 우리는 무릎을 꿇고 하나님이 우리를 결신(決信)으로 인도하신 것에 대해 감사해야 한다. 그리스도를 영접하자마자 우리는 하나님의 주권을 인정해야 한다. 우리가 그분께 돌아갈 수 있었던 것은, 그분이 우리를 이끄셨기 때문이다. 모든 그리스도인들은 자신의 지혜나 훌륭한 판단 때문에 믿음을 갖게 된 것이 아님을 잘 안다. 그들은 하나님의 인도 때문에 결신이 가능했다는 것을 믿는다. 그러므로 우리는 그분을 찬양해야 한다."

# chapter 06 묵상과 반성을 위한 질문

- 오늘 당신은 예정과 자유의지의 문제를 어떻게 설명할 수 있는가? 이에 대한 당신의 생각을 말하라.

- 칼뱅주의와 알미니안주의 장점과 약점에 대해 말하라.

- 다음은 미국의 유명한 복음주의 신학자 노만 가이슬러(Norman Gaisler)의 말이다. 본 주제와 관련하여 이보다 더 명쾌하게 설명할 수 없을 정도다. 이제까지 이 주제에 대해 가지고 있었던 당신의 생각과 비교하라. 다른 점이 무엇인가를 살피라. 그런 다음, 자유를 주신 하나님의 주권과 영광을 찬양하라.

"인간의 자유는 하나님의 주권과 적대적이지 않다. 하나님은 인간을 자유를 가진 피조물로 창조하심으로써 인간에게 주권적으로 자유를 주셨고, 계속해서 주권적으로 존재하는 모든 순간 자신의 자유를 행사하도록 허락하신다. 따라서 하나님의 주권은 인간의 자유에 의해 방해를 받지 않으며, 오히려 인간의 자유에 의해 영광을 받으신다. 하나님이 인간에게 자유의지를 주셨고, 또 인간을 붙들고 계시기 때문에 사람은 자유롭게 행동할 수 있으며, 또한 인간의 자유 의지를 훼손함 없이 자신의 목적을 이루실 수 있다." (Norman Geisler, Evangelical Dictionary of Theology (Baker Reference Library). 복음주의 신학사전. p. 428.)

The Sovereignty of God
&
Human Responsibility

"하나님의 절대주권과 인간의 책임에 대해 이런 예화를 통해 설명할 수 있다고 본다. 지붕이 높은 집 대들보에 줄 하나가 걸쳐져 두 가닥으로 내려져 있다고 하자. 그리고 나는 그 중간에 매달려 있다. 만약 그 줄을 이용하여 위로 올라가고자 한다면, 두 가닥을 다 붙잡아야 한다. 한쪽만 붙잡으면, 나는 금방 바닥으로 떨어져 박살이 나고 말 것이다. 나는 이제까지 하나님의 주권, 예정, 선택, 섭리 등에 관한 책과 글들을 무수히 읽었다. 또한 나는 전도와 선행 및 봉사, 그리고 성숙한 영성을 위한 인간의 책임에 대해서도 무수히 읽었다. 서로 상충되는 이 두 주제는 결코 화해될 수 없는 것처럼 보인다. 그러나 어린아이와 같은 믿음으로, 나는 이 두 가닥의 줄을 함께 붙잡고 올라가고자 한다. 언젠가 영원 속에서 이 두 가닥의 줄이 원래는 한 줄의 양끝이라는 것을 명확히 볼 수 있게 될 것을 확신하면서."

미국 칼뱅신학교 총장, 카이퍼, R. B. Kuiper, 1886~1966

chapter **07**

# 선하고 전능하신 하나님이 왜 악을 놔두시는가

The Sovereignty of God & Human Responsibility

"주의 눈은 정결하셔서 차마 악을 보지 못하시고 백성이 나쁜 짓 하는 것을 참지 못하십니다.
그런데 어찌하여 저 악한 백성을 그대로 내버려 두시며,
악한 백성이 의로운 백성을 쳐서 이겨도 잠잠히 보기만 하십니까?"
하박국 1:13

"신은 악을 없애기 원하지만 없앨 수 없든지, 아니면 그렇게 할 수는 있는데 하기를 원치 않든지,
아니면 그렇게 할 수도 없고 하기를 원치도 않든지,
아니면 그렇게 할 수도 있고 그렇게 하기를 원한다.
만약 그가 원하지만 할 수 없다면, 그는 약하므로 신으로서 타당하지 않고,
만약 그가 할 수는 있는데 그렇게 하기를 원치 않는다면,
그는 적의가 있으므로 신에게는 낯선 것이고,
만약 그가 원하지도 않으며 그렇게 할 수도 없다면,
그는 적의가 있을 뿐 아니라 약하기에 신이 아니다.
그러나 만약 그가 다만 신에게만 타당한 것을 하기 원하고 할 수도 있다면,
도대체 악들은 어디서 오며, 왜 신은 이것들을 없애지 않는가?"
고대 그리스 철학자, 쾌락주의 시조 에피쿠로스, Epicurus, BC 341~270

"하나님과 악의 관계에 대한 문제는 충분히 해결할 수 없는 신비로 남아 있다. 악은 허용되었으나
창조되지는 않았다."
개혁주의 조직신학자 루이스 벌콥, Louis Berkhof, 1873~1957

## 서론
### introduction

세상에 악이 널려 있다. 선한 자에게도 끊임없이 악한 일들이 발생한다. 먼 옛날의 이야기를 들추어 낼 필요도 없이 근년에 일어난 예들을 들어 보자. 히틀러는 6백만 명의 유대인을 살해했다. 스탈린과 마오쩌둥은 공산주의를 신봉하지 않거나 반대한다는 이유로 수천만의 러시아인과 중국인을 살해했다. 김일성은 적화통일을 꿈꾸어 6·25전쟁을 일으켜 5백만 명 이상의 동포를 희생시켰다. 일본인은 아세아 전역을 지배하려는 야욕으로 수천만의 동남아인을 살상했다.

현재도 독재자들에 의하여 수많은 정적들이 희생을 당하고 있다. 지금도 수억의 사람들이 먹을 것이 없어서 굶주리고 있다. 병원마다 중병에 걸려 고생하는 이들이 무수하다. 정신병원에는 날 때부터 정신 질환을 앓고 있는 사람들이 무의미한 삶을 지속하고 있다. 이것이 바로 우리의 현실이다. 악이 창궐한 세상에 숨쉬고 산다. 그런데 전능하시고 선하신 하나님은 어디서 무얼 하고 계시는가? 세상에 악(evil)과 고통(suffering)이 있다는 것은 유신론(theism)을 공격하는 최대의 끈질긴 논쟁이다. 악의 실재로 인한 주요 반응과 이것이 성경의 하나님 존재에 대해 어떤 영향을 미치고 있는지에 대해 논구하고자 한다.

Note

Note

> **교훈의 핵심**  전능하시고 선하신 하나님이 자유의 사실을 만드셨고, 인간은 자유의 행위를 연출한다. 하나님은 악의 가능성을 만들었으나, 자유의지가 악을 실행하게 한다. 하나님이 인간으로 하여금 오직 선만을 자유롭게 선택하도록 그의 능력을 행사하지 않았기 때문에, 악에 대한 책임을 물을 수 없다.

### 1. 악이란 무엇인가?(What is evil?) – 선과 악의 절대기준으로서의 하나님

1. 악과 고통(Evil & Suffering): 이 두 단어가 우리에게 시사하는 뉘앙스는 매우 비슷하므로 혼용하기도 하지만, 그 의미는 엄연히 다르다. 악은 '선'의 반대말로 사용된다. 악을 존재론적으로 접근해야 한다면, 고통은 심리학적으로 접근해야 마땅하다. 고통이 우리에게 육체적이거나 정신적인 아픔을 상징한다면, 악은 그것보다 더 추상적이고 포괄적인 의미를 담고 있다. 물론 대부분의 고통이 악으로 인해 주어지지만, 항상 둘이 함께 가는 것은 아니다. 왜냐하면 세상에는 선한 의미의 고통도 있기 때문이다. (참고: 하나님의 사랑의 징계로 말미암아 주어지는 고통; 사 1:2~6, 히 12:5~8.) 그래서 악과 고통을 분리해서 생각하는 것이다.

2. 선과 악을 위한 기준으로서의 하나님: 악에 대한 우리의 인식은 어떤 '선과 악을 가르는 기준'에 의존한다. 기독교에서는 이 선과 악의 절대적인 기준을 '하나님'이라고 규정한다. 인간은 피조물이므로 창조주 하나님의 계명과 뜻에 따라 살아야 한다. 그러므로 하나님은 선과 악, 선행과 악행을 정하고 나누는 유일무이한 판단자가 되신다.

3. 다음은 예수님과 부자 청년 사이에 있었던 대화의 일부이다. "어떤 사

람이 예수님께 와서 물었습니다. 선생님, 영원한 생명을 얻으려면 어떤 선한 일을 해야 합니까? 예수님께서 대답하셨습니다. 왜 선한 것에 대하여 내게 묻느냐? 선하신 분은 오직 한 분뿐이다"(마 19:16~17).

① 부자 청년의 질문에 어떤 전제가 담겨 있는가?
② 예수님은 "왜 선한 것에 대하여 내게 묻느냐?"고 되물으셨을까?
③ "선하신 분은 오직 한 분뿐이다"의 그 한 분은 누구이며, 왜 그러한가?

4. 다음은 미국의 유명한 변증가 라비 자카리야스(Ravi Zecharias)가 자신의 경험을 진술한 것이다. (Can Man Live Without God? 인간이 하나님 없이 살 수 있을까? 1996.) 이 글을 읽고, 아래 물음에 답하라.

몇 해 전, 잉글랜드의 노팅엄 대학에서 강연을 하는데, 청중 한 사람이 다소 격앙된 목소리로 고통에 대해 질문하며 하나님을 공격했다. "세상은 악과 고통으로 가득합니다. 이것으로 볼 때, 하나님은 도대체 존재할 수가 없습니다." 그에게 잠시 논의해 보겠느냐고 물었다. 그는 고개를 끄덕였다. "악이라는 게 있다고 하셨는데, 그렇다면 선이라는 것도 있다고 생각하십니까?" "물론입니다." 그는 즉시 대답했다. "선이라는 게 있다면, 선과 악을 구별하는 기준이 되는 도덕법이라는 것도 있다고 생각하시겠네요?" "있다고 생각합니다." 그는 약간 머뭇거렸다. 이 부분은 논증에서 아주 중요하다. 대부분 회의주의자들은 이 부분을 무시하려고 하는데, 그래서 나는 머뭇거리는 질문자에게 무신론자인 버트런드 러셀(Bertrand Russel)과 기독교 철학자 프레드릭 코플스톤(Frederick Copleston) 간의 논쟁을 상기시켜 주곤 한다. 코플스톤이 러셀에게 선과 악을 믿느냐고 묻자, 러셀은 믿는다고 대답했다. 코플스톤이 그림 둘을 어떻게 구별하느냐고 하자, 러셀은 색깔을 구별하는 것과 똑같은 방식으로 선과 악을 구별한다고 대답했다. 그때 코플스톤이 물었다. "색깔은 시각으로 구별하지 않습

**Note**

니까? 그렇다면 선과 악은 무엇으로 구별됩니까?" "느낌이지, 뭐 다른 게 있겠습니까?" 러셀은 알아야 한다. 어떤 문화에서는 이웃을 사랑하지만 어떤 문화에서는 이웃을 잡아먹기도 한다. 바로 그 느낌에 따라서 말이다. 러셀은 어떤 쪽인가? 느낌에 근거한 선악의 구별을 정당화할 수 있는가? 누구의 느낌인가? 히틀러의 느낌인가, 테레사 수녀의 느낌인가? 다시 말해, 선악을 결정하는 기준으로서 절대적인 도덕법이 반드시 있어야 한다. 그렇지 않고서 어떻게 선악을 결정할 수 있는가? 내게 질문한 청중은 드디어 도덕법에 대한 내 주장을 받아들였다. 그래서 나는 다시 이렇게 말했다. "도덕법이 있다면 도덕법을 준 사람이 있다고 보지 않을 수 없습니다. 그런데 당신은 바로 이 부분을 논박하려는 것입니다. 도덕법을 준 사람이 없다면 도덕법도 없습니다. 도덕법이 없다면 선도 없습니다. 선이 없다면 악도 없습니다. 그런데 뭐라고 질문하신 겁니까?" 침묵이 흘렀다. 그리고 잠시 후 그가 말했다. "정말 제가 뭘 물었던 겁니까?" 강연장은 잠시 웃음바다가 되었다. 그의 질문은 스스로 내린 결론에 모순되었던 것이다. 이처럼 회의주의자는 자신이 던진 질문에 먼저 대답하고 그 정당성도 입증해야 한다. 고통 많은 세상에 하나님이 존재할 수 없다는 주장은, 선과 악의 기준으로서 도덕법이 존재하는 이상 하나님도 존재한다는 논증을 뒤집지 못한다."

① 선과 악의 기준이 왜 중요하며, 그 기준은 무엇이 되어야 한다고 했는가?
② 선과 악의 기준 문제와 하나님의 존재 문제가 어떻게 연결되는가?
③ 저자의 논증을 통해 무엇을 느끼며 배우게 되는가?

## 2. 악의 도덕적 기준으로서의 하나님을 부정하는 회의론

### 1. 악은 환영(illusion)이며 실체(reality)가 아니다.

① 영국의 극작가 겸 시인 윌리엄 셰익스피어(William Shakespeare, 1564~1616):

"선한 것도 악한 것도 존재하지 않는다. 단지 생각이 그렇게 만들 뿐이다."

② 기독교 이단 중 하나인 크리스천 사이언스(Christian Science)의 창시자 메리 베이커 에디(Mary Baker Eddy, 1821~1922): "악은 단지 환영일 뿐, 실제적 근거를 갖고 있지 못하다. 악은 헛된 믿음이다."

노르만 가이슬러(Norman Geisler): "환영론자들(illusionists)의 주장을 받아들이는 것은 우리가 경험하는 모든 삶이 우리를 속이는 것이라 인정하는 것이 된다. 악과 이 세상을 환영이라고 믿는 자들도 실제로는 자신들이 믿는 대로 행동하지 못한다. 모든 것이 환영이라고 계속 주장할 수는 있을 것이다. 그러나 만일 누군가가 달려오는 버스 앞으로 그들을 밀어 넣는다면, 재빨리 실재한다는 사상에 '호의를 갖게' 되고 말 것이다."

환영론의 뿌리는 범신론(Pantheism)이다. 범신론자(Pantheist)는 초자연적인 신을 아예 믿지 않지만 신이라는 단어를 자연이나 우주 또는 그 움직임을 지배하는 법칙을 가리키는 비초자연적인 동의어로 사용한다. 이신론자(Desist)는 신이 기도자에게 응답하지 않고 죄나 고백에 관심이 없으며, 우리 생각을 읽지 않고 변덕스러운 기적을 부리지 않는다고 보는 점에서 유신론자와 다르다. 이신론자는 신이 일종의 우주적 지성이라고 보는 반면, 범신론자는 신을 우주 법칙의 비유적 또는 시적 동의어라고 보는 점에서 다르다. 범신론은 매력적으로 다듬은 무신론이다. 이신론은 물을 타서 약하게 만든 유신론이다.

## 2. 악은 실재하지만 그 기준은 하나님이 아니라 인간 자신이다: 무신론적 인본주의의 주장

무신론적 인본주의(Secular Humanism)는 이 시대에 가장 널리 퍼져 있는 세계관(world-view)이다. 그들은 진화론을 과학적 사실로 믿고 있으며, 창조주 하나님은 존재하지 않는다고 생각한다. 또 인간은 단지 우연의 결과로 나타난 존재에 불과하며, 과학은 성경에 오류가 있음을 입증하였다고 생각한다. 따라

**Note**

서 그들은 인간을 소유한 창조주가 없기 때문에 인간은 전적으로 인간 자신의 판단에 따라 옳고 그름을 정하여 행동할 수 있으며, 이 세상의 윤리나 가치관에는 절대적인 것이 존재하지 않고 시대와 상황에 따라 상대적으로 변화하는 것이라고 주장한다.

　미국 철학자 겸 작가 리처드 퍼틸(Richard Purtill): "만일 우리의 이성과 도덕이 하나님으로부터 온 것이 아니라면 그것들은 어떤 근본적 자질이 우연히 바뀌면서 생겨난 것이거나, 아무 이성도 없는 힘의 작용에서 나온 것일 것이다. 어느 경우든 간에 그 이성과 도덕은 아무런 정당성이 없다."

시편 14편 1절은 다음과 같이 선언한다: "어리석은 자는 마음 속으로 말하기를, 하나님은 없다라고 합니다. 그들의 행위는 더럽고 썩었으며, 선한 일을 행하는 사람이 아무도 없습니다." 무신론자는 어떤 자라고 했고, 그들의 행위가 어떠할 것이라고 했는가?

3. 이원론(Dualism): 악은 처음부터 있었다. 선과 악이 원래부터 존재하여 대립한다. 그러므로 신은 악의 근원이 아니다.

- 조로아스터교(Zoroastrianism): 기원전 1800년경 이란 북부 지방에서 태어난 예언자 자라투스트라(Zaraθuštra 또는 Zoroaster)를 추종하는 종파로서 이원론적 일신교(一神敎)
- 영지주의(Gnosticism): 고대(antiquity)에 존재한 혼합주의적(syncretistic) 종교운동들 중의 하나로 물질을 경시하고 정신을 숭상하는 이원론적 세계관을 가짐.
- 마니교(Manichaeism): 3세기에 중동 지방에서 초기 기독교, 조로아스터교 및 불교를 절충하여 생긴 종교. 교주인 페르시아의 현인 마니의 이름을 딴 것으로, 절충주의 이외에 조로아스터교와 영지주의의 이원론에 바탕을 둠.

## 3. 악의 실재로 인한 문제 제기: 무신론자들이 제기하는 전통적 딜레마(양도논법)    Note

1. 첫째 공식(First Formulation)

   만약 하나님이 완전한 사랑이라면, 그는 악을 제하기를 원하셔야 한다.

   만약 하나님이 전능하시다면, 그는 악을 제할 수 있어야 한다.

   그러나 세상에 악이 실재하고 있다.

   고로 전능하고 완전한 사랑의 하나님은 존재하지 않는다.

2. 둘째 공식(Second Formulation)

   하나님은 만물을 지으신 분이다.

   세상에 악이 있다.

   고로 하나님이 악을 지으셨다.

3. 셋째 공식(Third Formulation)

   하나님은 모든 것을 완전하게 만드셨다.

   불완전한 것은 완전한 것으로부터 나올 수 없다.

   완전하게 창조된 세계가 악의 원천이 될 수 없다.

   고로 하나님이 악의 원천이어야만 한다.

4. 종합(Forth Formulation)

   만약 하나님이 완전히 선하다면, 그는 악을 멸하실 것이다. (If God is all good, He would destroy evil.)

   만약 하나님이 전능하다면, 그는 악을 멸하실 수 있을 것이다. (If God is all-powerful, He could destroy evil.)

   그러나 악은 근절되지 않았다. (But evil is not destroyed.)

   그러므로 하나님이란 존재하지 않는다. (Hence, there is no such God.)

## 4. 신정론(神正論, Theodicy): 하나님의 선하고 의로우심을 변호함

1. 신정론의 동기: "하나님이 계시다면, 왜 악이 존재하는가?"의 문제는 신학과 철학의 주된 주제 중 하나다. 이 질문에 대답하는 학문이 바

로 신정론(神正論)이다. 독일 관념주의 철학자 칸트(Immanuel Kant, 1724~1804)는 이를 "세계 안에 존재하는 악 때문에 인간 이성으로부터 고소당해 이성의 재판정에 서게 된 하나님을 변호하는 논리"라고 했다.

2. 초대교부(Early Church Fathers)

이레네우스(Irenaeus, 130~200): "하나님은 무슨 일이든지 강제로 하시지 않으시기 때문에 악에 대해서도 그대로 내버려 두었다."

터툴리아누스(Tertullianus, 160~225): "인간이 창조주로부터 받은 자유를 오용함으로써 악이 조성되었다."

어거스틴(Augustine, 354~430): "하나님은 선하신 분이기 때문에 그가 하는 모든 일은 선하다. 하나님의 창조에 악은 포함되어 있지 않았다. 존재하는 모든 것은 존재한다는 그 이유만으로도 다 선하다." (딤전 4:4, "하나님이 지으신 모든 것이 선하매 감사함으로 받으면 버릴 것이 없나니", 개역개정)

"악이란 창조 질서에는 없었다. 오히려 그것에서의 이탈을 의미하며, 악은 선의 결여다(privatio boni). 악이라는 존재가 따로 있는 것이 아니라, 선이란 실체적 존재에 결함이 생긴 것을 악이라 한다. 지상의 나라가 악한 것이기는 하나, 악이란 실체가 있어서 악한 나라가 된 것이 아니다. 악한 의지에서 그러한 세력이 형성된 것이다."

■ **종합:** 그들은 악을 선의 결핍으로 보았다. 하나님은 존재하는 것을 선하게 창조했기 때문에 악의 원인이 아니다. 도덕적 악(Moral evil)은 인간의 행위이고, 물리적 악(Physical evil)은 선을 위한 교육과 영혼의 정화 수단으로서 하나님에 의해 허용된다. 형이상학적 악(Metaphysical evil, 마귀)도 궁극적으로는 하나님

의 계획에 봉사한다.

3. 종교개혁자 마르틴 루터(Martin Luther, 1483~1546): 신정론에 대한 종교개혁자들의 대답은 인의론(認義論)이다. 하나님은 죄인을 의롭게 함으로써 자신을 의로운 자로 입증한다. 불의한 죄인들을 은총으로 의롭게 함으로써, 하나님은 자신의 의(義)를 입증한다. 루터는 "하나님은 악을 통하여 선을 이루며, 죄를 통하여 의를 완성한다"고 하여, 악의 적극적 역할을 인정했다. 또 그는 하나님의 사역이 두 가지라고 했다. 본래적 사역(opus proprium)과 비본래적 사역(opus alienum)이다. 전자는 복음을 통한 은혜 사역이다. 후자는 사람의 상식과 이성에 의해서는 잘 이해가 되지 않는 방향으로 일을 처리하는 것인데, 악의 존재도 이 비정상적인 방법의 역사에 속한다.

4. 독일 철학자 겸 수학자 라이프니츠(Leibniz, 1646~1716): 신정론 개념 창안자. 그는 악의 원인을 피조물의 불완전성 때문으로 분석하고, 세계 안에서 겪는 모순적인 부조화에도 불구하고 하나님을 적극 변호한다. 그에 따르면 하나님의 창조 행위는 인과율적이며 권능 있는 행위인 동시에 특별한 의도와 목적에 따른 행위였다. 하나님은 '모든 가능한 것 가운데 최상의 세계'를 만드셨다. 그럼에도 존재하는 악에 대해서는 어거스틴과 같이 "인간이 죄 짓는 것을 원하지 않고 억지로 죄 짓지도 하지도 않으시지만, 단지 허용하실 뿐"이라고 했다. 이처럼 그는 합리적인 해석을 시도했지만, 우리에게 실존적으로 다가오는 '악'의 문제를 너무 가벼이 다루며 선을 위해 악이 허용된다거나 더 큰 선을 위한 단순한 수단이라고 하는 등 '사변적' 비약이 되고 말았다.

5. 독일 철학자 칸트(Immanuel Kant, 1724~1804): 그는 신정론이란 "세계 안에 존재하는 반목적성(본래적 악)때문에 이성이 제기한 고발에 대해 창조자가 지닌 지고의 지혜를 변호하는 것"으로 해석했다. 그는 악의 근원을 인간의 자유에서 찾았다. "인간이 악하다"는 그의 명제는 "도덕률을 인식하면서도 그때마다 어기는 것을 준칙으로 삼은 것"을 뜻한다. 끊임없이 노력해야만 악을 극복할 수 있다는 논리이다. 신앙 문제를 도덕성 위에서만 바라봤다는 아쉬움이 남는다.

6. 아우슈비츠를 경험한 독일 태생 유대인 철학자 한스 요나스(Hans Jonas, 1903~93): 그는 칸트가 '선으로 악을 이길 수 있다'는 지나친 낙관적 견해에서 출발했다고 비판했다. 유대인이었던 그는 아우슈비츠 대학살을 경험했기 때문이다. "아우슈비츠가 일어나게 한 하나님은 어떤 분인가?" 하는 물음에 "하나님의 완전한 자기 포기, 즉 고난당하는 하나님, 되어져 가는 하나님, 염려하는 하나님"을 외쳤다. 달리 말하여, 하나님은 전능하신 분이 아니란 것이다. 하나님이 절대 선하고 전능하다면, 세상에 존재하는 악은 이해할 수 없는 것이다. 그는 피고석에 '무능한' 하나님 대신 '행위자' 인간을 앉혀버리고 말았다.

7. 에밀 부르너(Emil Brunner, 1889~1966): "악은 신의(神意)에 대립된다. 그것은 하나님으로부터 탈락한 결과다. 하나님의 창조 질서를 전도시킨 것이다. 인간이 그에게 주어진 고귀한 자유를 오용한 것이다." "인간이 주어진 자유를 오용하는 일에 대해 하나님은 방관하지 않는다. 그 반신적 행동을 심각하게 취급한다. 그는 사랑과 의로 그 문제를 해결한다. 그것이 바로 그리스도의 십자가다. 이 십자가 위에서 하나님은 악을 원치 않을 뿐 아니라 그것을 행하지도 않는다는 것, 또한 악

을 극복할 권능을 가지고 있다는 점이 나타났다. 하나님의 자비와 의, 전지전능하심이 통합되었다. 이 십자가의 중심에서 악의 문제는 해결된다."

8. 칼 바르트(Karl Barth, 1886~1968): 대개의 신학자들은 악의 기원에 관한 창조기사의 주석에서 아담의 타락과 유혹자의 세력만을 보는 반면, 바르트는 그것 이전의 다른 더 근본적인 악의 실재, 즉 '혼돈'을 보았다(창 1~2장). 바르트는 이를 무성(das Nichtige, Confusing, 無性)이라 부른다. 이것은 하나님도 아니고 피조물도 아니다. 다시 말하여, 무(無)로, '존재하지 않는 것으로(nicht-seiend)' 존재한다. 인간의 범죄나 악마의 활동도 바로 이 혼돈(무성)에서 비롯한다. 이 혼돈은 하나님이 창조하지 않은 것으로서 형태도 없고 본래적으로 불가능한 것이지만 존재한다. 이 혼돈은 창조와 독립적으로 미리 존재하거나 하나님과 구별된 실재도 아니며 우주가 조화되기 이전의 재료의 상태도 아니고 혼돈과 공허, 무성, 소망 없는 지구의 상태를 가리킨다. 그는 인간은 유한성 때문에 악한 일들을 경험하고, 피조물적 실존이기에 상처와 위험을 겪는데 이를 죄 때문이 아닌 '무(無)'로 구분한다. 이로써 악과 고난을 오로지 인간의 타락 탓으로 돌리거나 인간의 도덕 문제로 제한하는 오류를 저지한다. 하지만 인간의 불신앙이야말로 하나님의 전체 화해 사역을 부정하는 근본 죄악이라며 창조의 어두운 면에서 겪는 모든 고난을 인간의 죄와 연관시키기도 한다. 그는 기독론적 칭의 사상을 창조신학과 연결시켜 신정론의 문제를 개별 주제로 다루지 않고 교의학 전체 맥락 속에서 통합하고자 했다. 그의 입장은 하나님의 전능하심과 선하심을 제한하거나 포기하지 않으면서 신앙인과 하나님 백성으로서 교회 공동체를 위해 고난의 의미를 풍성하게

Note

설명해 준다.

## 5. 악의 실재성으로 인한 공격에 대한 그리스도인의 반응

■ **미국 복음주의를 대표하는 철학자 알빈 플랜팅가(Alvin Plantinga)의 "자유의지 방어론"(Free Will Defense)**

1. 자유의지는 도덕적 가치를 산출한다. 즉 자유의지가 있는 세상이 없는 세상보다 훨씬 우월하다.

2. 하나님이 오직 선을 위해서만 인간에게 자유의지를 주었다고 말하는 것은 모순이다.

3. 하나님은 능력 안에서 최고의 세상을 끄집어내지 않으면 안 된다.

4. 그러므로 하나님은 자유의지가 있는 세상을 만드셔야만 했다.

5. 그러나 하나님이 인간으로 하여금 오직 선만을 자유롭게 선택하도록 그의 능력을 행사하지 않았기 때문에, 악에 대한 책임을 물을 수 없다. (Alvin Plantinga, God and Other Minds: A Study of Rational Justification of Belief in God. 하나님과 타자의 정신들: 하나님 신앙의 이성적 정당성 연구. Ithica, NY: Cornell University Press, 1967.)

■ **일반적인 성경적 입장**

1. 하나님은 자유의 사실(the fact of freedom)을 만드셨고, 인간은 자유의 행위(the acts of freedom)를 연출한다.

2. 하나님은 악의 가능성을 만드셨으나(made evil possible), 자유의지가 악을 실행하게 한다(make evil actual).

3. 무엇인가를 할 수 있다고 다 해야 하는 것은 아니다. 하나님은 모든 것을 다스릴 수 있지만, 자유의지를 허용하셨다.

■ **종말론적 형태(Eschatological Formulation)**

1. 만약 하나님이 전능하다면, 그는 악을 멸하실 수 있다. (If God is all powerful, He can defeat evil.)

2. 만약 하나님이 온전한 사랑과 선이시라면, 그는 악을 멸하실 것이다. (If God is all loving and good, He will defeat evil.)

3. 그러므로 악은 소멸되고 말 것이다. (Therefore, evil will be defeated.)

Note

Note

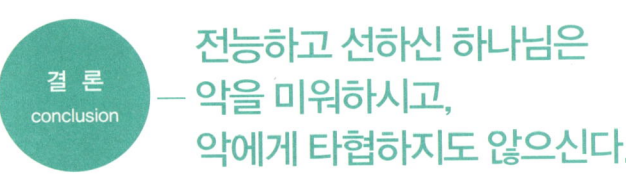
**결론** conclusion — 전능하고 선하신 하나님은 악을 미워하시고, 악에게 타협하지도 않으신다.

그 하나님께서 자유를 만드셨고, 인간은 자유의 행위를 연출한다. 하나님은 악의 가능성을 만들었으나, 악을 실행하는 것은 자유의지이다. 따라서 악은 인간의 일이요, 하나님에게 그 어떤 책임도 물을 수 없다.

■ **구약의 하박국서는 하나님의 주권과 섭리에 대해 깊은 교훈을 주고 있는 책이다. 선지자 하박국은 세상 역사와 다스림에 대한 하나님의 뜻과 방식에 대해 질문했고, 그 얻은 대답을 기록하여 우리에게 전해 주었다.**

① 하박국이 하나님께 제시한 첫 번째 항의는 무엇인가?(1:2~3)

② 이 첫 번째 항의에 대해 하나님은 유다를 심판할 도구로 포악한 갈대아인들(바벨론)을 사용하시겠다고 답변하셨다(1:5~11). 그리고 이 예언은 유다가 바벨론에 멸망됨으로 성취되었다(BC 585, 대상 25:1~7, 대하 36:11~20). 불의를 심판하기 위해 더 불의한 자를 사용하시는 하나님의 방법을 통해 무엇을 생각하게 되는가? 왜 하나님께서는 이런 방법을 택하신 것일까?

③ "어떻게 악인이 심판의 도구가 되어 의인을 징벌할 수 있습니까?" 하는 것이 하박국의 두 번째 항의(1:12~17)였다. 첫 번째 하나님의 답변에 대해 의구심을 강하게 표명하고 있다. 이런 하박국의 자세를 통해 우리가 배워야 할 영적 태도는 무엇인가?

④ 하나님의 두 번째 답변(2:2~20)의 골자는 무엇인가? 간단히 한두 마디로 요약하라.

⑤ "의인은 그 믿음으로 말미암아 살리라"(2:4, 참고; 롬 1:17, 갈 3:11)는 말씀이 담고 있는 의미를 당신 자신의 말로 바꾸어 표현해 보라.

⑥ 3장 17~19절에 나타난 하박국의 위대한 신앙 고백을 통해, 특히 하박국이 씨름했던 문제이기도 했던 악의 실재 문제와 관련하여 무엇을 배우게 되는가?

Note

# chapter 07 | 묵상과 반성을 위한 질문

- 세상의 많은 악 중에서 전쟁은 대악 중의 대악이다. 때로 수십만 수백만의 인명 피해를 가져오기 때문이다. 다음 구절들을 읽으라. 하나님은 전쟁의 승패에 대해 어떤 영향을 끼치는가? 이것을 통해 무엇을 생각하게 되는가?

  – 사사기 7:22

  – 사무엘상 14:6

  – 잠언 21:31

- 예수님의 생애에 나타난 악행과 그에 대한 예언의 성취를 정리하고, 악을 다루시는 하나님의 손길에 통해 우리가 무엇을 배워야 할 것인가에 대해 말하라.

  – 가이사 아구스도의 호적 명령과 그리스도의 베들레헴 탄생 (눅 2:1~7, 미 5:2)

  – 헤롯 왕의 위협에 애굽으로 피신한 요셉 가정 (마 2:13~16, 호 11:1)

  – 헤롯 왕의 영아 대학살로 인한 비극 (마 2:17~18, 렘 31:15)

  – 아켈라오를 피해 나사렛에 정착 (마 2:21~23, 사 9:1)

  – 권세자들에 의한 십자가 처형 (행 4:27~28, 사 43:3~6)

The Sovereignty of God
&
Human Responsibility

어느 해 겨울, 한국장로교 최초의 7인 목사 중 한 명인 서경조 목사가 중병에 걸렸다. 신열이 몹시 오르고 식사도 제대로 못하는 상태였으나 온 교우들과 가족들은 기도만 할 뿐 속수무책이었다. 급보를 받은 서울의 언더우드 목사와 의료선교사인 에비슨 박사가 놀라서 부랴부랴 소래까지 달려왔다. 그러나 발병의 원인을 모르니 의학박사도 무어라 진단을 내릴 수가 없었다. 두 선교사도 환자가 누운 방에 무릎을 꿇고 엎드려 기도만 할 뿐이었다.

때는 북풍설한이 닥쳐오는 동지섣달이었다. 갑자기 창호지 바른 출입문을 툭툭 두드리는 소리가 났다. 사람이 와 서 있는 그림자도 없는데 누가 문을 두드리나 의아하게 생각하며 문을 열었다. 그랬더니 난데없이 큼직한 두꺼비 한 마리가 껑충 문턱을 뛰어넘어 방안으로 들어왔다. 그리고는 곧장 환자가 누워 있는 곳으로 다가가서 목사 이마에 펄쩍 올라가는 것이었다. 두꺼비는 서 목사 이마 위에서 꼼짝도 않고 한참 동안 엎드려 있었다.

방안에 있던 모든 사람들은 깜짝 놀랐으나 누구도 손을 대지 않고 바라보기만 하였다. 얼마의 시간이 지나자 40도나 되는 신열에 신음소리만 내던 서 목사가 부지중에 "아이구, 시원하다. 참 시원하다"라고 연발하는 것이었다. 두꺼비가 서 목사 머리 위에 올라앉아 신열을 식혀 놓은 다음부터 정신도 돌아오고 식사도 하게 되었다.

후에 한방 의사의 말을 들어보니, 서 목사의 병은 서사병으로 두꺼비를 말린 약재로만 고칠 수 있는 열병이었다고 했다. 이 사실을 알고 가족 친지들도 놀라고 서양 의사도 놀랐다. 이 같은 일은 모두가 하나님이 사랑하는 서 목사를 위해 두꺼비 의사를 보내 주신 것이라는 소문이 일대에 널리 퍼졌다.

chapter **08**

# 왜 하나님은 고통을 허락하시는가

The Sovereignty of God
& Human Responsibility

"우리 주 예수 그리스도의 하나님과 아버지를 찬송합니다. 그분은 인자하신 아버지이시며,
모든 위로의 아버지이십니다. 하나님은 우리가 여러 가지 환난을 당할 때 위로해 주셔서,
우리가 하나님께 받은 위로로써 여러 환난을 당한 사람들을 위로할 수 있게 하셨습니다.
그리스도의 고난이 우리에게 넘쳐나는 것처럼,
그리스도로 말미암아 받는 우리의 위로도 넘치게 되었습니다."
고린도후서 1:3~5


"만약 하나님이 선한 의지를 가진 존재라면, 그는 그의 피조물들을 완벽히 행복하게 만들 것이다.
그리고 그가 전능하다면, 소원하는 모든 것을 할 수 있을 것이다.
그러나 그의 피조물들이 항상 행복한 것은 아니다.
따라서 하나님은 선한 의지나 전능하심 중 하나가 없거나 둘 다 없는 것이다."
하나님에 대한 무신론자들의 문제 제기


"고난이 있는 곳, 그곳이 거룩한 땅이다. 인류는 이 의미를 언젠가 깨닫게 될 것이다.
고난의 땅을 통과하기 전까지 삶에 대해 전혀 알지 못한다."
아일랜드 작가 오스카 와일드, Oscar Wilde, 1854~1900

## 서 론
introduction

신앙 여정에서 가장 힘든 것은 고난 받고 있는 나 자신이나 이웃과의 만남이다. 고난 앞에서는 훌륭한 이론이나 명쾌한 논리도 별로 설득력이 없다. 고난(suffering)은 고통(pain)을 유발시키는 상황(situation or circumstance)이라 할 수 있다. 또 고통은 고난이 영혼에 접수되는 아픔이다. 왜 우리 영혼에 이 아픔이 접수되는가? 또 그 아픔의 역할이 무엇인가? 이것을 아는 것이 곧 고난에 대해 이해하는 것이다.

고통에 대한 인류의 첫 경험은 창세기 3장에서 발견된다. 아담과 하와가 선악과를 먹은 후 벗었음을 알고 나뭇잎으로 옷 만들어 입은 사건이다. 벗었음이 하나님께 노출된 이 상태는 곧 창조주와 피조물 간의 본래적 관계가 파괴되었음을 의미한다. 그 뒤 동산을 걷던 하나님의 음성을 듣고 그들이 두려워 숨은 행위는 고통이 극도에 달한 장면이다. 인류는 그런 노출의 고통과 더불어 창조질서의 파괴(distortion)로 인한 고통에 휩싸이게 되었다. 땅은 가시덤불과 엉겅퀴를 낳고, 해산의 고통이 따르며, 이마에 땀을 흘려야만 먹고 살 수 있게 되었고, 육신에 죽음이 오게 되었다.

그러므로 고난은 하나님과의 단절에서 비롯되는 모든 결과가 우리의 영

Note

혼을 아프게 하는 것이라고 할 수 있다. 이 세상에서의 고난은 인류의 노출된 상태에서부터 비롯되는 정신적, 영적 고통과 물질세계 질서의 파괴(distortion)에서 비롯되는 육체적 고통이 있다. 그러나 정신적이든 육체적이든 모든 고난은 결국 한 영혼에게 느껴지는 아픔으로 집중되어 나타난다. 고난이란 어느 정도 객관성의 측도로 설명될 수 있지만, 한 영혼에게 체험되는 아픔의 정도는 지극히 주관적이며 그 깊이를 타인은 헤아리기 어렵다. 매우 흡사한 고난을 경험했다 할지라도 고통의 정도는 각자 다르다. 한 영혼에게 느껴지는 아픔이기 때문이다.

> **교훈의 핵심** 고난의 뿌리에 죄가 있고, 그 죄는 인간의 자유에 기인하고 있다. 따라서 고난 역시 하나님의 주권 아래 있으므로, 그 안에 하나님의 메시지가 담겨 있다. 고난 그 자체는 결코 좋은 것이 아니나, 하나님은 선한 목적을 위해 다양한 방법으로 고난을 사용하신다.

### 1. 고난과 고통의 유형들

1. 세계적 크기의 고난: 지진, 기아, 홍수 등의 자연재해나 크고 작은 국지전과 세계대전

2. 사회적 재해로 인한 고난: 비행기 추락 사고, 여객선 침몰 사건, 건물 붕괴, 자폭 테러, 강도, 절도, 강간 등의 재해와 범죄

3. 개인적 차원의 고난: 사랑하는 자의 죽음, 질병, 열등감, 시기심, 불안, 배신, 실업, 강력한 유혹, 실망 등

### 2. 고난의 원인

1. 인간의 자유(Free Will): "하나님은 우리로 하여금 선택할 수 있는 존재로 만드셨다"
   - 신명기 30:15~20
   - 여호수아 24:15
   - 요한복음 7:17

   ① 왜 하나님께서 인간에게 자유를 주셨는가? 그 근본적인 이유는 무엇인가?

   ② 루이스(C. S. Lewis)의 다음 글에 공감하는가? 내용을 간략히 한 두 마디로 요약하고, 이에 대한 당신의 느낌이나 생각을 말하라.

   "분명 하나님은 인간이 범한 최초의 죄를 기적을 일으켜서 제거하실 수 있었을 것이다. 그러나 그러한 기적은 하나님께서 지속적으로 모든 죄의 결과를 제거할 계획을 가지고 계시지 않다면 별로 의미가 없을 것이다. 그 기적이 그친다면, 언젠가 인간은 지금과 똑같은 비참한 상태에 놓이게 될 것이다. 반대로 그런 기적이 계속해서 일어난다면, 지구는 하나님의 간섭에 의해 떠받들어지고 교정되는, 결국 인간의 선택이란 것이 아무런 의미를 갖지 못하는 곳이 되고 말 것이다. 아마 인간의 선택은 그 선택에 합당한 어떤 결과에 이르기도 전에 다 중단될 것이다. 그러므로 진정한 의미의 자유로운 선택은 존재하지 않을 것이다."
   (The Problem of Pain, 고통의 문제, p. 14.)

2. 죄의 결과로서의 고통(The great majority of suffering, but not all)
   - 죄란 무엇인가? 죄란 하나님의 법칙을 어긴 것이고, 고난은 하나님의 법을 어긴 데 대한 피할 수 없는 결과이다(Sin Produces Suffering).
     - 출애굽기 20:5~6
     - 에스겔 18:19~20
     - 히브리서 9:27

Note

- 자연법칙(Natural Law)
- 도덕법(Moral Law)

■ 죄에 대한 하나님의 심판
  - 노아 홍수: 세계적 규모의 고난(창 6:5~6)
  - 소돔과 고모라의 멸망: 지역 사회적 재앙(창 19:23~29)
  - 여러 시대에 걸쳐 나타난 개인의 죄에 대한 하나님의 심판(왕하 5:27, 눅 1:20, 요 5:14, 행 5:1~11, 고전 11:30)

■ 모든 고난이 다 죄로 인함인가?(그렇지 않다/ No!)
  ① 욥의 고난은 우리에게 의로운 자도 고난 받을 수 있음에 대해 가르쳐 준다. 하나님은 욥의 고난은 그가 지은 죄의 결과라고 한 친구들에게 무엇이라 말씀하셨는가?(욥 42:7~8)

  ② 예수님은 "나면서부터 소경 된 자가 누구 죄 때문입니까? 자기 때문인가요 아니면 부모 때문인가요?"라는 물음에 대해 무엇이라 답변하셨는가?(요 9:1~3) 이 말씀은 죄와 그 결과로서의 고난에 대해 무엇을 가르쳐 주고 있는가?

  ③ 사회적 또는 자연적 재해란 하나님이 죄에 대해 내리는 징벌인가? 이에 대해 예수님은 무엇이라 말씀했는가?(눅 13:1~5)

  ④ 베드로전서 2장 19~20절에 나타난 고난의 두 가지 유형은 무엇인가?

■ 다음 글을 읽고, 이에 대한 당신의 느낌이나 생각을 말하라.

"지구상에 있는 많은 고난들은 내 죄가 아닌 '타인들의 죄'에 기인하고 있다. 많은 세계적, 사회적 재해들이 이에 해당한다. 마찬가지로 개인적 차원의 고난도 자주 타인의 죄에 의해 야기되곤 한다. 지구상의 고난 중 95%는 아마도 이런 이유로 발생되는 것이라 추정된다. 그러나 이것은 우리가 타락한 세상에 살고 있다는 사실로밖에 설명할 수 없는 작은 부분일 뿐이다. 모든 피조물들이 인간의 죄악에 영향을 받은 세상 말이다. '가시와 엉겅퀴'가 세상에 들어온 것은 아담과 하와의 범죄 결과이다(창 3:18). '피조물이 허무한 데 굴복'하였다(롬 8:20). 자연적 재해들도 이 피조물들의 무질서로 인한 결과이다." (Nicky Gumbel, Searching Issues. 특별한 문제점을 찾아서. p. 14~15.)

### 3. 고난과 관련된 여섯 가지 성서적 핵심 진리

1. 하나님은 생명의 주인이시며, 그분 안에 모든 선이 충만하시다(벧후 1:3, 마 19:17, 막 10:18).
   ___ 하나님에게 악과 고난에 대한 책임을 물을 수 없다.

2. 하나님은 생명의 주인이시므로, 모든 살아 있는 것들에 대해 목적과 계획을 가지고 계시다(렘 29:11~13, 요 9:3).

3. 하나님은 그리스도의 십자가를 통해 그의 거룩한 사랑을 보여 주셨다 (롬 5:8, 엡 5:25~27).
   ___ 하나님의 사랑은 우리로 하여금 그분을 예배하도록 이끈다(요일 4:19, 막 12:30~31).

4. 우리는 그리스도의 십자가에서 궁극적인 악의 얼굴과 함께 하나님의 선하심을 보았다(롬 5:1~2, 골 1:19~22).
   ___ 하나님은 악과 고난을 그의 영광을 드러내는 일로 사용하셨다.

5. 우리의 죄악은 용서를 필요로 하는 내적, 본질적인 실재이다(롬 3:23, 히 9:27).

Note

6. 인생의 허무와 무의미, 영적 무지는 대개의 경우 고통보다는 쾌락에 의해 더 많이 다가온다(눅 12:16~21, 마 19:23~24).

### 4. 고난 중에서도 하나님을 신뢰할 수 있는 열 가지 이유

1. 스스로 선택할 수 있는 자유는 고난을 수반한다: 고난은 결코 하나님으로 인한 것이 아니다.

2. 고통은 우리에게 위험을 경고한다: 고통이 없다면 우리 중 누구도 자신의 병을 인식할 수 없고, 영적인 문제로 고민하거나 하나님을 찾지 않을 것이다.
   - 전도서 1~12
   - 시편 78:34~35
   - 로마서 3:10~18

3. 고난은 우리 자신을 더 잘 알 수 있도록 돕는다: 우리는 종종 다른 사람들을 통해 고난을 당한다. 하지만 이것을 어떻게 받아들일 것인가 하는 것은 우리에게 달려 있다. 성경은 마치 금과 은이 불을 통해 순수해지는 것처럼, 인격의 강도 또한 어려운 시간 속에서 발전한다고 말한다.
   - 욥기 42:1~17
   - 로마서 5:3~5
   - 야고보서 1:2~5
   - 베드로전서 1:6~8

4. 고난은 영원에 대한 우리의 시각을 날카롭게 한다: 현재의 고난은 과

거만 아니라 미래를 생각하게 한다. 비록 고난 중에 있을지라도 내일에의 소망이 있는 자는 살 것이나, 없는 자는 절망한다. 이처럼 고난은 그리스도인으로 하여금 영원한 하나님 나라에 가까워지도록 이끈다. 그래서 바울은 "환난은 인내를, 인내는 연단을, 연단은 소망을 이룰 것을 확신한다"고 했던 것이다(롬 5:3~4).

- 마태복음 5:1~12
- 로마서 8:18~19

5. 고난은 우리로 하여금 세상으로부터 멀어질 것을 가르친다: 나이가 들수록 육신은 점점 더 약해지고 나빠진다. 뼈들은 쑤시고 눈은 침침해진다. 소화 기능도 약해지고 잠자는 것도 어려워진다. 문제들은 점점 커지나, 가능성들은 점점 줄어든다. 허나 죽음이 끝이 아니라 새로운 날로 넘어가는 과정이기에, 노년의 저주는 동시에 축복이 된다. 모든 새로운 고통은 이 세상을 덜 매력적인 것으로 보이게 한다. 우리는 놓아 버리는 것을, 그리고 의연히 영원한 삶을 향해 나아감을 배운다.

- 전도서 12:1~14

6. 고난은 하나님을 신뢰할 수 있는 기회를 선사한다: 고난은 귀 먼 세상을 깨우는 하나님의 확성기이다. 이렇게 확성기로 작용하는 고난은 분명 끔찍한 도구임에 틀림없지만, 죄인을 부르는 매우 유익한 도구이다. 고난은 죄인이 회개하고 주님께 나아오도록 기회를 만들어 준다. 여러 가지 고통을 겪으면서 비로소 하나님을 생각하기 시작했다는 많은 이들을 주변에서 만나게 된다.

- 시편 119:67
- 시편 119:71

Note

7. 하나님께서는 우리와 함께 고난당하신다: 그 누구도 우리의 아버지보다 더 큰 고난을 겪지 않았다. 그 누구도 죄로 가득한 이 세상을 위해 더 비싼 값을 치르지 않았다. 그 누구도 이기적인 인류의 고통으로 인해 그분만큼 울지 않았다. 그 누구도 우리 죄를 위해 십자가에서 값을 지불하셨던, 그리고 그것으로 하나님께서 우리를 얼마나 사랑하시는가를 보여주셨던 예수님만큼 고난을 겪지 않았다. 하나님께서는 예수님 안에서 자신을 계시하시면서 우리가 고난 받을 때, 그리고 우리의 사랑하는 가족이나 친구들이 고통을 받을 때 하나님을 신뢰하도록 요청하신다.

- 베드로전서 2:21

- 베드로전서 3:18

8. 하나님의 위로는 우리의 고난보다 훨씬 크다: 바울이 육신의 고통을 제해 달라고 여러 번 간구했다. 이에 하나님은 "내 은혜를 온전히 의지하라 이는 내 능력이 네가 약할 때 너에게서 특별하게 나타나기 때문이다"라고 응답하셨다. 질병은 계속되었지만 바울은 만족했다. "그러므로 그리스도의 능력이 내게 머무르게 하려고, 나는 더욱더 기쁜 마음으로 내 약점들을 자랑하려고 합니다. 그러므로 나는 그리스도를 위하여 병약함과 모욕과 궁핍과 박해와 곤란을 겪는 것을 기뻐합니다. 그것은 내가 약할 그때에 오히려 내가 강하기 때문입니다."(고후 12:9~10) 바울은 예수님과 함께 고난 받는 것이 예수님 없이 건강하고 부유한 것보다 더 낫다는 것을 배웠다.

- 고린도후서 1:3~4

- 이사야 41:10

9. 위기 가운데서 우리는 서로 더 가까워진다: 고난당할 때, 우리는 다른 이들을 위로할 수 있다. 자연재해와 위기들은 우리를 연합시킨다. 태풍, 화재, 지진, 질병과 사고들은 우리에게 동병상련의 감정을 가르쳐 주고, 자신의 연약함과 유한성을 새삼 깨우쳐준다. 우리는 서로가 필요하다는 것을, 무엇보다도 하나님이 필요하다는 것을 되새기게 된다. 자신의 고난 속에서 하나님의 위로를 발견할 때마다, 다른 이를 도울 수 있는 우리의 능력 또한 자라간다.
   - 골로새서 4:7~9
   - 디모데후서 4:9~12

10. 하나님께서는 우리의 고난을 선으로 바꾸신다: 이 진리는 성경의 수많은 예에서 볼 수 있다. 욥은 고난을 통해 하나님에 대한 더 깊은 이해에 도달했을 뿐만 아니라, 후대의 모든 이에게 용기의 표본이 되었다. 요셉은 자신을 거부하고, 노예로 팔았던 사람들에게 다음과 같이 말했다. "형님들은 나를 해치려고 하였지만, 하나님은 오히려 그것을 선하게 바꾸셨습니다"(창 50:20).
    - 로마서 8:28
    - 베드로전서 1:6~7

Note

## 5. 고난이 다가올 때, 어떻게 대처할까?

이제까지 살펴본 것처럼, 항상 고난의 원인을 뚜렷이 알 수 있는 것은 아니다. 그러나 모든 고난에 담긴 하나님의 뜻이 있다. 그러므로 우리는 고난을 당할 때, 스스로에게 다음과 같이 물어야 한다. (만약 당신이 지금 어떤 고난 중에 있다면, 당장 실천하라.)

1. 이 고난이 내 죄의 결과인가?

만약 그렇지 않다면, 다음의 물음으로 건너뛰라. 그러나 만약 죄 때문이라면, 그 죄가 무엇인지 물으라. 그 죄를 회개하고 용서를 구하라.

2. 이 고난을 통해 하나님께서 무엇을 말씀하시고자 하는가?
하나님의 절대주권을 믿을진대, 세상에 우연은 없다. 하나님께서는 이 고난을 통해 우리를 가르치시려는 특별한 교훈을 분명히 갖고 계시다.

3. 하나님께서 나로 하여금 무엇 하기를 원하시는가?
고쳐야 할 것, 돌이켜야 할 것, 실천해야 할 일은 없는가를 진지하게 물으라. 그리고 즉각 행동하라.

4. 주 예수를 바라보고 있는가?
달리 말하면, 희망을 잃지 않고 있는가?: 인생은 부단한 시련과 축복의 연속이다. 시련이란 영원한 것이 아니며, 한 구비 돌면 축복이 기다리고 있음을 발견할 수 있다. 반드시 그런 축복이 보장되지 않더라도 확실한 것은, 어느 날 주님과 영원히 함께 있게 될 것이라는 사실이다.

### 6. 남이 당하는 고난에 대한 태도

1. 다른 이의 고난에 대해 판단하지 말라. 우리는 모든 죄인이다. 비록 타인의 고통이 명백한 죄의 결과라 해도 우리는 결코 돌 던질 수 있는 입장에 서 있지 않다. 다른 사람을 판단하고 정죄하는 일은 그 사람만이 아니라, 자기 영을 죽이는 매우 위험한 일이다.
   - 마태복음 7:1~5
   - 요한복음 8:1~11

2. 고난당하는 자를 긍휼히 여기며 그를 위하여 기도하라.
   - 에베소서 4:32
   - 야고보서 5:13~16

3. 고난당하는 자를 부둥켜 안고, 함께 울라.
   - 로마서 12:15

4. 대항할 수 있는 고난에 함께 대항하라. 예수님은 고난을 가져오는 상황에 적극적으로 대항하여 싸우셨다. 굶주린 자에게 먹을 것을 주셨고, 병든 자를 고치셨으며, 죽은 자를 일으키셨다. 가난한 자에게 복음을 선포하고, 포로가 된 자에게 자유를, 눈먼 자를 치료하고, 억압받는 자를 해방시키셨다.
   - 누가복음 5:16~19
   - 마태복음 25:31~46

## 결론 conclusion — 고난 역시 하나님의 주권 아래 있다.

그 안에 하나님의 메시지가 담겨 있다. 고난 그 자체는 결코 좋은 것이 아니나, 하나님은 선한 목적을 위해 다양한 방법으로 고난을 사용하신다. 결국 우리는 고난 문제와 관련하여 그리스도의 십자가로 돌아갈 필요가 있다. 십자가를 통해서만이 하나님이 고난을 허락하신 이유를 이해할 수 있기 때문이다.

1. 우리는 인간 자유의 결과에 주목하지 않을 수 없다. 그것은 죄로 귀결되어, 결국 예수를 십자가에 못 박았다. 여기서 우리는 인간의 가장 사악한 모습을 보게 된다. 그럼에도 하나님은 인간이 자유를 남용함으로써 저지른 범죄를 십자가를 통해 용서하셨다.

2. 우리는 고난을 통해서 하나님의 역사를 볼 수 있다. 예수를 십자가에 못 박았던 사람들은 마음속에 사악한 동기를 가지고 있었다. 그럼에도 하나님은 그 십자가 처형을 인류의 생명을 구원하는 도구로 사용하셨다.

3. 단지 고통에 대한 보상 그 이상이신 하나님을 만날 수 있다. 예수님은 "그 앞에 있는 즐거움을 위하여 십자가를 참으셨다"(히 12:2). 달리 말하면, 그의 부활을 미리 보셨고, 그 결과로 나타날 우리의 구원 또한 보셨다.

4. 이 모든 것 중 가장 중요한 것은, 하나님 자신이 결코 고난으로부터 제

외되지 않으신다는 점이다. 하나님은 우리를 위해, 그리고 우리와 함께 고난을 받으시는 분이다.

## chapter 08 묵상과 반성을 위한 질문

- 고난과 죄는 어떤 관계에 있는가? 누군가가 자신이 당하는 고난을 자신의 죄 때문에 주어진 것이라고 자책하고 있다면, 당신은 어떻게 조언해 줄 수 있겠는가?

- 대부분의 고난은 자신이나 타인의 죄로 인해 발생한다. 그러면 그 이외의 고난에 대해서는 어떻게 설명할 수 있을까?

- 하나님께서 주신 고난을 경험함으로써 우리가 갖게 되는 긍정적인 변화는 무엇인가? 하나님이 당신의 유익을 위해 고난을 허용한 경험을 가져본 일이 있는가?

- 천국에 대한 하나님의 약속은 우리가 고난의 문제를 다루는 데 어떤 도움을 주는가? 당신에게는 천국에 대한 확실한 소망이 있는가?

- 예수 그리스도의 십자가가 고난의 문제에 대해 어떤 의미를 가지는가? 이런 이해나 관점이 당신에게 어떤 도움을 주게 될 것인가?

The Sovereignty of God
&
Human Responsibility

"23년 전 첫아들 해리가 태어난 지 36시간 만에 죽었다. 그 순간 아들의 죽음은 내게 너무나도 불공평해 보였고, 어떤 의미로는 정말 불공정했다. 그러나 지금 나는 그 사건이 내 생애에 있어서 가장 큰 은혜였음을 안다. 나는 그 일을 통해 다른 사람들이 어떻게 느끼고 있으며, 얼마나 큰 고통을 받고 있는지를 이해할 수 있었기 때문이다."

크리스토퍼 캅슨, Recovering from Divorce, 이혼으로부터의 회복, p. 142.

chapter **09**

# 예수를 듣지 못한 자는 구원받지 못하는가

The Sovereignty of God
& Human Responsibility

"예수께서 이르시되 내가 곧 길이요 진리요 생명이니 나로 말미암지 않고는
아버지께로 올 자가 없느니라."
요한복음 14:6, 개역개정

"다른 이로서는 구원을 얻을 수 없나니 천하 인간에 구원을 얻을 만한
다른 이름을 우리에게 주신 일이 없음이니라."
사도행전 4:12, 개역개정

"기독교 신학은 그것이 절대적이거나 최종적인 진리라는 어떤 주장도 포기해야 하며,
그 대신 특정한 역사적 상황에서 삶의 방침을 발견할 필요성을 갖게 된 인간이
상상력을 동원해 만들어낸 것으로 이해해야 한다. 종교는 가난한 자들과
인간 취급을 받지 못하는 자들의 필요를 우선적으로 생각해야 하는 데 그 목적이 있다.
그래서 종교를 판단하는 유일한 기준은 윤리적인 것,
즉 인간의 복지를 증진시키는 데 얼마나 효율적인가 하는 것이 되어야 한다."
종교다원주의, Religious Pluralism

## 서 론
introduction

　　　　　　　　　　　예수 그리스도만이 하나님께 이르는 유일한 길인가? 성경의 대답은 단호하다. "예수 그리스도 이외에 다른 길은 없다." 예수는 그 자신이 바로 하나님을 향한 유일한 길임을 선언했다(요 14:6). 이런 가르침에 따라 베드로와 요한도 공개적으로 선언했다. "예수 이외에 다른 이름으로는 구원받을 수 없다"(행 4:12). 그리스도의 유일성에 대해서는 바울 역시 확고하다. "하나님은 한 분이요 또 하나님과 사람 사이에 중보도 한 분이니, 곧 사람이신 그리스도 예수다"(딤전 2:5). 히브리서의 저자도 예수 그리스도 말고는 다른 출구가 없다고 우리에게 경고한다. "우리가 이같이 큰 구원을 등한히 여기면 어찌 피하리요!"(히 2:3).

　　결국 다른 종교에는 구원이 없다는 것인데, 그렇다면 기독교 이외의 모든 종교는 다 거짓되고 무가치한가? 요즘 유행되고 있는 종교 다원주의(Religious Pluralism)는 어떻게 이해해야 하는가? 나아가 그리스도의 이름을 들어보지 못한 우리의 선조들이나 타종교 문화권에서 태어나 평생을 살다 간 사람들은 어떻게 되는가?

Note

> **교훈의 핵심**
>
> 아무리 정연한 논리와 타당한 적합성을 가지고 사회통합과 종교전쟁을 피하기 위해 대화를 강조한다 해도, 양보할 수 없는 한 가지 사실이 있다. 그것은 예수 그리스도께서 십자가와 부활을 통해 완성하신 복음만이 유일한 진리라는 점이다. 기독교의 배타적 성격은 유일하신 인격적 절대자, 창조주 하나님에 대한 계시 신앙에 있다. 그래서 기독교의 하나님 외에는 참 하나님이 없다고 하든지, 아니면 기독교의 하나님을 믿지 않든지 둘 중의 하나다.

## 1. 예수 그리스도의 유일성에 대한 근거

### 1. 예수에게는 그 자신만이 가진 유일한 자격이 있다.

① 예수 자신의 주장
- 요한복음 8:35
- 요한복음 11:25~26

② 베드로의 주장
- 마태복음 16:16
- 사도행전 3:14~18

③ 바울의 주장
- 사도행전 16:31
- 사도행전 17:3

"이슬람 세계에서는 누구도 마호메트를 신적인 지위를 가진 이라고 생각치 않는다. 혹 마호메트를 신으로 섬기는 이슬람 교도가 있을지라도, 마호메트 자신은 당장 그런 이들을 신성모독이라며 거부했을 것이다."(Stephen Neill, The Supremacy of Jesus. 지존하신 예수. p. 82.)

"초기 전통적 불교에는 신에 대한 개념이 없었음이 분명하다."(John Stott, Contemporary Christian. 현대 그리스도인. p. 308.)

2. 예수는 그의 업적에서도 유일하다.

사도신경의 중심은 예수 그리스도에 대한 고백이다: "그 외아들 우리 주 예수 그리스도를 믿사오니 이는 성령으로 잉태하사 동정녀 마리아에게서 나시고, 본디오 빌라도에게 고난을 받으사 십자가에 못 박혀 죽으시고, 사흘 만에 죽은 자 가운데서 다시 살아나시며 하늘에 오르사 하나님 우편에 앉아 계시다가 저리로서 산 자와 죽은 자를 심판하러 오시리라."

이 고백 속에 예수 그리스도의 5대 사역이 나타나 있다: 동정녀 탄생, 고난과 죽음, 부활, 승천, 그리고 재림. 그리스도의 이러한 업적이 타종교 설립자들과 어떻게 다른가? 그것은 우리에게 무엇을 시사하고 있는가?

3. 예수는 죽음으로부터 부활한 유일하신 분이다.

① 영국의 목사 니키 검불(Nicky Gumbel)이 쓴 다음의 글을 읽고, 그리스도의 부활이 가진 독특성이 무엇인지에 대해 말하라.

"불교의 팔리 경전은 부처가 열반에 들어가는 장엄한 장면을 기록하고 있다. 그러나 부처가 죽은 뒤에도 그의 추종자들과 계속해서 실재했는지에 대한 기록은 어디에도 없다. 대신 그의 가르침인 다마(dhamma, 달마)가 그들을 인도할 것이라고 했다. 예언자 마호메트가 죽은 정확한 날짜는 전해져 오고 있다. 그러나 누구도 그가 육체적 죽음으로부터 다시 살아났을 거라고 생각하지 않는다." (Searching Issues, 특별한 문제를 찾아서. p. 37~38.)

② 고전 15장 14~19절을 읽으라. 만약 그리스도의 부활이 없다면 우리가 어찌 된다고 했는가? 이것은 기독교 신앙과 부활의 관계에 대해 무엇을 가르쳐 주는가?

■ 예수 그리스도는 하나님의 유일한 아들, 유일한 구원자, 죽음으로부터 부활한 유일한 자로서 하나님께로 가는 유일한 길이다. 이처럼 예수 그리스도만이 하나님께 이르는 유일한 길임을 인정한다 해도, 다음과 같은 두 가지 질문을 더 생각해야 한다. 첫째, 그리스도인은 다른 종교에 대해 어떤 태도를 취해야 하는가? 둘째, 예수의 이름조차 들어보지 못한 이들은 어떻게 될까?

## 2. 다른 종교에 담겨 있는 부분적 진리

예수의 유일성을 인정한다고 해서 다른 종교를 모두 사악한 것이라 생각하는 것은 옳지 않다. 예수 그리스도는 궁극적인 진리요, 모든 진리의 주장들을 시험할 수 있는 기준이다. 그러나 다른 종교에도 부분적인 진리가 있고, 우리는 그러한 진리를 배울 수 있다. 그것은 적어도 다음과 같은 세 가지 이유 때문이다.

1. 하나님은 피조 세계를 통해서도 부분적으로 자기 자신을 드러내신다
   ① 시편 19:1~6절을 읽으라. 하나님의 영광이 무엇을 통해서도 나타난다고 했는가?
   ② 바울은 왜 인간이 하나님을 부정할 수 없다고 했는가?(롬 1:20)
   ③ 그럼에도 불구하고 하나님을 부정하는 자들은 어떤 자인가?(시 14:1, 53:1)
   ④ 물리학자 아이작 뉴턴(Isaac Newton, 1643~1727)는 다음과 같이 말했다. 이에 대한 당신의 느낌이나 생각을 말하라.

   "별다른 증거를 알지 못할지라도, 나는 내 엄지 손가락 하나만 가지고도 하나님이 살아 계심을 확신할 수 있다."

2. 인간은 하나님의 형상을 가진 존재로서 옳고 그름을 분별할 수 있는 양심이 있다.

① 이 사실을 바울은 로마서 2장 14~15절에서 말하고 있다. 본문을 읽고, 이에 대한 가르침을 정리하라.

② "무엇이든지 남에게 대접을 받고자 하는 대로 너희도 남을 대접하라. 이것이 율법이요 선지자니라."(마 7:12). 이 말씀을 황금률(Golden Rule)이라고 한다. 동일한 의미의 말씀이 석가(釋迦, BC 563?~483)와 공자(孔子, BC 551~479)를 통해서도 가르쳐졌다. 이런 사실은 우리에게 무엇을 가르쳐 주는가?

공자는 논어(論語)의 위령공편과 안연편에서 두 번이나 이런 말을 했다. "기소불욕 물시어인"(己所不欲勿施於人). 즉, 내가 하고 싶지 않은 일은 남에게도 강요하지 말라는 뜻이다.

석가의 경우에는 황금률이 그다지 분명한 형태로 표현되어 있지는 않다. 그러나 석가의 가르침 전체를 잘 음미해 보면 황금률의 정신이 그대로 반영되고 있음을 알 수 있다. 이를 위해서 석가의 가르침이 담긴 법구경(담마빠다)의 몇 구절을 보자.

"일체의 악행을 저지르지 않고, 착한 공덕을 힘껏 행하며, 자기의 마음을 청정히 하라"

"고통을 참고 견디는 데는 인욕심이 으뜸이다."

"출가자는 남을 해치지 말라. 남을 해치거나 괴롭히는 자는 수행자가 아니다."

3. 모든 인간에게 절대자 하나님을 갈망하는 마음이 있다.

① 하나님이 사람의 마음에 무엇을 심어 주셨는가?(전 3:11)

② 인간은 물질만으로 만족할 수 없는 영혼의 허기가 있다. 이 허기 때문에 사람들은 절대자를 찾는다. 그래서 세상에 존재하는 모든 인류 집단마다 나름대로의 종교를 가지는 것이다. 이제 다른 종교에서도 긍정적 기능을 발견할 수 있는 이유가 수긍이 갈 것이다. 그리고 그 긍정과 부정에 대한 가치 판단의 기준은 바로 진리의 근원이자 총체이신 예수 그리스도이시다.

Note

Note

- 40년을 인도 남부에서 주교로 지냈던 레슬리 뉴비긴(Lesslie Newbigin, 1909~1998)의 다음 글을 읽고, 당신의 느낌이나 생각을 말하라.

  "많은 사람들이, 특히 다른 종교의 신자들이 그리스도인으로 거듭나는 것을 보면, 거기에 어떤 일관된 섭리가 작용하고 있는 것 같다. 원래의 종교를 버리고 그리스도인이 되는 과정은 언뜻 보기에 매우 급격한 변화이다. 그러나 좀 더 자세히 그 과정을 살펴보면, 그리스도인이 되기 전부터 그들의 삶을 주관하셨던 분이 바로 살아 계신 하나님이었다는 확신을 얻을 수 있다."(The Finality of Christ, 그리스도의 궁극성, p. 59.)

- 지난 세기 가장 유명한 변증가 중의 하나인 루이스(C. S. Lewis, 1898~1963)의 글은 항상 우리에게 깊은 통찰과 지혜를 준다. 다음 글을 읽고, 그 요점을 간결히 정리하라. 그리고 이것을 지금까지 당신이 다른 종교에 대해 가지고 있던 생각과 비교하라.

  "당신이 그리스도인이라 해서 다른 종교의 가르침이 모두 다 틀린 것이라고 믿어야 하는 것은 아니다. 물론 무신론자들은 이 세상 모든 종교의 가르침을 커다란 착각에 지나지 않는다고 주장할 것이다. 그러나 그리스도인은 아주 괴상한 종교라 할지라도, 모든 타종교에서도 진리의 일면을 발견할 수 있다는 점을 인정할 수 있다. 무신론자였을 때, 나는 모든 인류가 그들에게 가장 중요한 문제에 관해서 앞뒤가 맞지 않는 틀린 답을 지니고 있다는 사실을 이해할 수 없었다. 그리스도인이 된 이후, 나는 보다 자유스러운 시각을 가질 수 있게 되었다. 물론 그리스도인은 기독교와 다른 종교의 가르침이 서로 어긋나는 부분에서 기독교적 해답이 옳다고 믿으며, 그것은 당연한 일이다. 수학에서처럼 정답은 단 하나이며, 다른 나머지 것들은 틀린 것이다. 그렇지만 틀린 답들 중 어떤 것은 다른 것보다는 훨씬 더 정답에 가까울 수 있는 것이다."(Mere Christianity, 순전한 기독교, p. 39.)

### 3. 예수의 이름조차 들어보지 못한 사람들

예수 그리스도를 믿는 사람만 구원받을 수 있다면, 그 이외의 사람들은 정죄 받아 마땅한가? 이것은 너무도 부정의하고 불공평한 일 아닌가? 이 문제에 대해 성경은 무엇을 가르치는가? 성경은 이 주제에 대해 다음과 같은 다섯 가지 요점을 정리하게 해준다.

1. 성경은 실제적인 책이지 철학서가 아니다.

성경은 가설에 근거한 질문들에 직접적으로 대답하지 않는다. "예수의 이름조차 들어보지 못한 이들은 어떻게 될까? 하는 질문은 가설에 근거한 것이다. 이 물음은 예수의 이름을 들어본 사람만이 제기할 수 있는 것이기 때문이다.

2. 성경의 하나님은 공의로우신 분이다.

하나님께서는 거룩하시며 사랑으로 충만하신 분이시지만 이와 함께 공의로우신 분이시다(롬 1:18). "공의(公義)로우시다"란 "모든 경우를 항상 공평하게 처리하신다"라는 뜻으로서 선한 일에는 상으로, 악한 일에는 벌로 꼭 갚으신다는 의미이다. 따라서 우리는 "하나님이 불공정하지 않을까?"하는 걱정은 할 필요가 없다. 마침내 다가올 심판의 날, 우리는 모두 하나님의 심판에 대해 "과연 완전 무결하게 공평하시구나"라고 감탄하게 될 것이다.

3. 누구도 자신의 종교를 통해서 구원을 얻을 수 있는 것이 아니다 - 구원은 예수 그리스도를 믿는 믿음을 통해 주어진다(요 1:12). 그리고 이것은 전적으로 하나님의 은혜로 말미암는 것이다(엡 2:8). 예수께서는 우리를 위해 돌아가셨고, 그래서 우리는 죄를 용서받을 수

Note

있게 되었다. 믿음으로 그 은혜의 선물을 받아들일 때, 우리는 구원을 받는다.

4. 예수의 이름조차 들어보지 못한 자도 믿음과 은혜를 통해 구원받을 수 있다 – 예수의 이름을 들어보지 못했던 아브라함(롬 4:3)과 다윗(롬 4:6), 그리고 수많은 구약의 성도들이 구원을 받았다. 예수의 십자가는 예수 이후의 인류에게뿐 아니라, 예수 이전의 인류에게도 유효하다. 아브라함과 다윗에게 내려진 용서도 예수가 십자가에서 당한 일의 대가로 주어진 것이다. 단지 차이가 있다면, 우리는 그 용서와 구원이 어디에서 비롯된 것을 알지만, 아브라함과 다윗은 그것을 몰랐다는 것뿐이다. "예수 그리스도와 그의 십자가에 못 박히신 것"(고전 2:2)에 관해서 잘 알고 있음으로 가질 수 있는 구원의 확신을 그들은 가질 수 없었다. 그럼에도 불구하고 바울은 그들이 믿음으로 구원을 받았다고 말했다. 이처럼 예수와 동시대를 살았던 사람과 예수 이후에 태어난 많은 이들도 믿음으로 구원 얻을 수 있다. 심지어 그들이 예수의 이름조차 들어보지 못했다 해도 말이다. 예수님은 "하나님이여 불쌍히 여기시옵소서 나는 죄인이로소이다"라고 기도했던 세리가 하나님 앞에서 구원을 받았다고 말씀하셨다(눅 18:9~14). 오늘날에도 이 사실이 똑같이 적용될 수 있을 것이다. 예수의 이름을 들어보지 못했지만, 이 세리처럼 한 자들은 구원을 받을 것이다.

5. 존 스토트(John Stott)가 지적하는 것처럼, 성경에서 여러 낙관적인 견해를 발견할 수 있다. (Contemporary Christian. 현대 그리스도인. p. 319.) – 하나님은 아브라함의 자손들(육신만 아니라 영적 자손들까지)이 "하늘의 별과 같고 바닷가의 모래와 같을 것"이라고 약속하셨다

(창 22:17). 나아가 우리는 바울을 통해서도 멸망을 초래한 아담의 타락보다 구원을 가져온 그리스도의 업적이 더욱 성공적일 것이며, 죽음을 가져오는 아담의 범죄보다 생명을 가져오는 하나님의 은혜가 더욱 크게 넘쳐 흐를 것을 믿는다(롬 5:12~17). 따라서 결국에는 구원받는 사람의 수가 정죄 받는 사람의 수보다 많을 것이라는 확신을 가질 수 있다(롬 5:18~21).

- 예수의 이름을 듣지 못한 이들의 구원과 관련한 성경의 가르침 상기 다섯 가지를 요약하라. 이 주제에 대해 충분히 이해했는가? 아직도 제기되는 물음이 있다면 무엇인가?

### 4. 다원주의 사회에서 그리스도인이 타종교에 대해 취해야 할 자세

오늘날 우리는 진실보다는 관용이 시대의 질서가 되어버린 후현대주의(Postmodernism)를 살아가고 있다. 그리스도인은 타종교에 대해 다음과 같은 세 가지 자세를 가져야 한다고 생각한다.

1. 기독교의 정체성에 손상을 주는 경우가 아니면, 타종교에 대하여 유연한 태도를 취해야 한다. 다니엘은 우상에게 절하는 독재자의 강요에 대하여는 무릎을 꿇지 않았지만, 우상에게 바친 제물을 먹으라는 말에는 열흘 동안 시험하여 보라고 설득하였다(단 1:12~16). 바울은 우상숭배에 대하여는 강하게 질타하였지만, 헬라의 우상 신전에 들어가 신상을 훼손하는 일은 하지 않았다(행 19:26). 그리스도인은 타종교의 교리에 대하여 그 허무함을 학문적으로 논할 수 있지만, 그 종교인을 모욕하거나 그들의 종교적 심벌을 무너뜨리는 등의 과격한 행동을 해서는 안 된다.

2. 모든 적절한 방법과 힘을 동원하여 타종교인에게도 그리스도를 전파해야 한다. 교회는 세계 모든 사람들이 그리스도를 알고 따르게 되기를 바라며, 그것을 미안하게 생각지 않는다. 땅끝까지 복음을 전하는 것이야 말로 가장 중요한 우리의 사명이다. 이 점에 있어서 어떤 한계나 제약이 있을 수 없다. 어떤 종교를 가지고 있든지, 어떤 숭고한 이념이나 도덕을 가지고 있든지 상관없다. 이 세상의 모든 이들은 복음을 들어야만 한다(딤후 4:2).

3. 다른 종교와 연합하여 사회운동을 할 때는 극도로 주의해야 한다. 기독교가 다른 종교와 공공의 선을 위해 연합하여 활동하는 것은 매우 바람직한 일이다. 그러나 다른 종교와 소위 세속적인 영역에서는 협력할 수 있으나, 종교적인 영역에서의 협력은 각별히 경계해야 한다. 특히 종교 다원주의적인 메시지가 생산되거나 전해지지 않도록, 그리고 기독교의 정체성이 훼손되지 않도록 각별한 주의와 긴장이 필요하다.

- 타종교에 대해 가져야 할 상기의 세 가지 자세에 동의하는가? 동의할 수 없다면, 왜 그러한가? 여기에 덧붙이고 싶은 자세가 있다면 무엇인가?

**결론** — 그리스도인은 오직 예수 그리스도 한 분이 모든 인류의 주님이라고 선언한다.

그렇다고 타종교를 무조건 배격하거나 무시하지 않는다. 거기에도 부분적인 진리가 있고, 우리가 배워야 할 무엇인가가 있음을 인정하기 때문이다. 우리는 타종교에 대해 겸손하고 세심한 태도를 가짐과 동시에, 그들을 전도의 대상으로 대한다. 예수 그리스도께서 십자가와 부활을 통해 완성하신 복음만이 인간을 구원하는 유일한 진리이기 때문이다.

1. 로마서 1장 16~17절을 읽고, 다음 물음에 답하라.
   ① 바울은 무엇을 부끄러워하지 않겠다고 했는가?
   ② 바울은 왜 그것에 대해 부끄러워하지 않겠다고 했는가?
   ③ 하나님의 의(義, 하나님과의 바른 관계, Right Relationship with God)가 어디에 나타났다고 했는가?
   ④ 의인이 무엇으로 산다고 했는가?

2. 영국의 선교학자 마이클 그린(Michael Green)의 다음 글을 읽고, 당신의 느낌이나 생각을 말하라.

   "다원주의는 오히려 우리에게 여러 종교가 혼재된 종교의 시장에서 우리의 확고한 복음을 선포할 수 있는 기회를 준다. 그래서 비겁한 침묵은 사라지게 하자." (Evangelism through the Local Church, 지역교회를 통한 전도, p. 75.)

## chapter 09 | 묵상과 반성을 위한 질문

- 타종교에 속한 이와 교제해 본 일이 있는가? 그러한 교제가 당신에게 끼친 영향은 무엇인가? 그런 영향을 받은 이유가 무엇이라고 생각하는가?

- 왜 우리는 예수 그리스도만이 하나님께로 가는 유일한 길이라고 믿는가?

- "예수 그리스도만이 하나님께로 가는 유일한 길이니 다른 모든 종교는 다 무가치하고 무의미하다"고 말하는 이가 있다면, 당신은 어떤 태도를 취하겠는가?

- 예수의 이름을 한 번도 들어본 적이 없는 이도 구원을 받을 수 있다고 한다면, 그들이 예수의 이름과 복음을 들은 자와 다른 점이 무엇인가?

- "예수 그리스도만이 유일하다"는 선언을 "오만하고 편협한 논리"라고 비난하는 자가 있다면, 당신은 어떻게 대답하겠는가?

The Sovereignty of God
&
Human Responsibility

조선신학교(한신대학)를 설립한 김재준 목사가 서울 중동학교에 다닐 때, 가장 친한 벗은 그와 함께 하숙하던 고향 친구 김성우였다. 어느 날 갑자기 김성우가 몸에 열이 나며 시름시름 앓기 시작했다. 감기약이나 지어먹고 견디려 하였으나 몸은 낫지를 않고 열이 점점 더 올라갔다. 세브란스병원 무료 진료실을 찾아갔더니 장질부사인데 너무 늦었다는 것이다. 진찰한 의사는 3일을 넘기지 못할 것이며 당장 죽을지도 모른다는 말을 하였다.

그의 임종을 지키기 위해 밤 늦게 고향 친구 10여 명이 모였다. 그런데 혼수상태에 빠져 있던 그가 눈을 뜨더니, "왜들 이렇게 모였소? 기도하러 온 것이오? 아직 기도할 시간이 덜 됐는데… 어쨌든 그럼 기도합시다." 하고는 또박또박 기도를 시작했.

"주님, 제 영혼을 받아 주시옵소서. 저는 죽음이 두렵지 않습니다. 그러나 스무 살이 되도록 길러 주셨지만 아무 한 일도 없이 주님께 가기가 죄송합니다. 제가 떠난 후에도 교회와 가족들, 그리고 이 친구들을 지켜주소서. 이 친구들에게 복을 내리사 내가 못다한 일들을 풍성히 감당할 수 있게 하소서…"

김재준은 그의 손을 잡고 말했다. "구원은 주님의 공로로 받는 것이지 일한 것이 문제가 아니라오. 주님만 믿고 딴 생각 마시오. 남긴 일들은 내가 대신 최선을 다해 볼 테니 편안히 가구려." 김성우는 5분 후에 세상을 떠났으며, 김재준은 먼저 간 친구와의 약속으로 평생 주의 길을 걸었다.

chapter **10**

# 기독교와 과학은 서로 모순되는가

The Sovereignty of God
& Human Responsibility

"세상이 창조된 이래로 하나님의 보이지 않는 성품인 그분의 영원한 능력과 신성은
그가 만드신 만물을 보고서 분명히 알 수 있게 되었습니다.
그러므로 사람들은 핑계를 댈 수 없습니다."
로마서 1:20

"과학은 기독교적 사고의 자녀이다."
역사가 허버트 버터필드, Herbert Butterfield, 1900~1979

"과학과 종교는 함께 지식을 추구하는 친구이지 적이 아니다.
물론 그렇지 않다고 생각할 사람도 있을 것이다. 이 과학의 시대에 종교적 믿음은
구식 사고방식이며 현실적이지 못하다는 생각이 우리 사회에 널리 퍼져 있기 때문이다.
그러나 내 생각은 다르다. 사실 나는 오늘날 소위 과학의 시대를 사는 사람들이 지금보다
과학에 대해 좀 더 깊이 안다면 내 견해에 공감하리라고 믿는다."
영국의 물리학자 출신 신학자 존 폴킹혼, John Polkinghon

## 서론
introduction

과학과 종교의 차이: 과학은 본질상 세 가지 특징을 가지고 있다. 첫째, 이성이 모든 활동의 주동자이며 그것의 판단을 절대화한다. 둘째, 인간의 체험과 경험과 실험의 방법을 원칙으로 한다. 셋째, 자연법의 범위 안에서만 활동한다. 이런 세 가지 특징은 물리적 세계 안에서만 일어나는 것으로 상대적 가치일 수밖에 없다. 따라서 과학은 절대자나 절대적 세계에 관해서는 아무 힘이 없다. 과학은 물질세계에 있어서 인간의 생활에 편리한 많은 도구를 발명한다. 현대인은 과학의 이기를 이용하여 매우 편리한 삶을 살고 있다. 그러나 과학은 본질상 중성적이기 때문에 과학 자체를 선하게도 악하게도 만들 수 없다. 그것을 그렇게 만드는 것은 사람이다. 즉 과학의 주인은 사람이다. 과학과는 달리 종교는 두 가지 차원을 상대로 한다. 즉 영원과 시간, 절대와 상대, 신과 인간, 정신계와 물질계, 선과 악, 그리고 현재와 미래를 동시적으로 체험한다. 그리고 인간의 육신생활뿐만 아니라 영적 문제에 더 깊은 관심을 가진다.

과학과 기독교의 바른 관계: 우리는 성경을 통해 하나님이 이 모든 우주 만물을 창조했다고 믿는다. 그러나 성경은 우주와 생명 창조의 자세한 과학적 과정을 과학적 언어로 기술할 목적으로 쓰인 책이 아니다. 따라서 창

Note

조 과정의 구체적인 과학적 사실을 알기 위해서는 주님이 우리에게 주신 또 한 권의 책인 자연과 우주를 통해 이해해야 한다. 그리스도인 과학자들에게 과학이란 다름 아닌 하나님께서 창조하신 우주와 자연의 법칙을 발견하는 학문이다. 우주와 생명의 기원을 연구하는 모든 과정에서 하나님의 자리는 항상 침범 당하지 않았다. 천체 물리학자 스티븐 호킹(Stephen Hawking)도 "신이 우주를 창조했다면, 우리는 단지 그것이 어떤 것인지 알고 싶을 뿐이다"라고 고백하듯이, 진정한 과학 연구는 신의 자리를 뺏는 것이 아니고 오히려 신의 성품을 보다 잘 이해하기 위한 인간의 노력이다. 그리스도인 과학자에게 과학은 하나님의 창조 섭리를 발견하는 또 다른 구도의 길이다.

수많은 관측과 실험을 거쳐 철저하게 검증된 과학적 정설은 바로 하나님이 우주와 자연을 창조하신 구체적 방법과 섭리로 받아들이면 된다. 우리 모두 이런 자세를 가진다면 과학과 기독교의 쓸데없는 갈등은 사라질 것이다. 복음이 침범 당하지 않는 한, 현대과학과 신앙의 문제에서는 그 어느 것보다도 열린 자세가 중요하다.

> **교훈의 핵심** 하나님의 주권과 섭리에 의해 세계가 창조되고 유지되기 때문에, 과학자들은 질서정연한 세계를 연구할 수 있게 되었다. 따라서 기독교와 과학은 서로 적이 아니라, 친구다. 신앙은 과학의 터전과 동기를 제공하고, 과학은 신앙의 합리성과 진실성을 보완한다.

### 1. 기독교와 과학 간 갈등의 이유

1. 기독교 역사 속에는 교회가 과학 연구의 결과들을 인정하지 않았던 시대가 있었다.

근대과학의 아버지(the Father of Modern Science)라 불리는 17세기 천문학자 갈릴레이(Galileo Galilei, 1564~1642)는 행성들이 태양의 주위를 돌고 있다는 지동설(heliocentric theory)을 발견함으로 인해 로마 가톨릭 교회와 갈등을 빚었다. 그는 로마에서 종교재판을 받았으며, 그는 생애 말년을 가택연금의 상태로 지내야만 했다.

<u>스코프스 원숭이 재판</u>(the Scopes Monkey Trial): 1925년, 미국 테네시주 데이튼 고등학교 교사 존 스코프스(John T. Scopes)가 학교에서 진화론(Evolution Theory)를 가르쳤다는 이유로 주정부에 의해 기소당했다. 1925년 7월 1일, 그는 유죄 판결을 받고 100달러의 벌금을 냈다. 항소심에서는 벌금이 다소 과한 선고를 받았다는 판결이 나오기는 했다.

2. 과학이 신격화되면서 신앙의 무필요성이 강조되어 양자 간의 골이 깊어졌다. 근대 과학적 연구가 한때 신앙의 틀 안에서 제기된 모든 것들을 다 설명할 수 있다고 믿었다. 따라서 더 이상 신앙은 쓸모가 없게 되었다는 것이다. 심지어 과학을 통해 확인된 결과에 의하면 성경은 헛된 신화와 꾸며낸 이야기책에 불과하다고 주장하는 사람들도 나타났다. 그들은 근대과학이 기적은 없다는 것을 보여주는 반면, 성경은 기적들로 가득하다는 것을 그 이유로 들었다. 또 어떤 이들은 인류와 그의 신체 기관들은 자연적인 과정에 의해 진화된 것이라는 이론과 창세기 1장의 천지 창조는 서로 공존할 수 없다고 주장한다.

영국 불가지론(Agnosticism, 하나님의 존재를 모르거나 알 수 없다는 것)의 철학자 헉슬리(T. H. Huxley, 1825~59)는 다음과 같이 말했다: "진화론, 그것이 변함없이 받아들여진다면, 성경 믿는 것을 불가능하게 만든다."
옥스퍼드대학의 진화생물학자이자 대중과학 저술가인 리처드 도킨스(Clinton Richard Dawkins)는 무신론자로서 철저한 인본주의자, 과학적 합리주의자라 불른다. 세계적인 베스트셀러《만들어진 신(The God Delusion)》은 그를 무신론자의 대변인 자리에 올려 놓았다. 그의 사상은 다음의 말 속에 잘 함축되어 있다. "진화는 우리가 아는 다른 어느 과학만큼이나 확실하다. 진화는 이제까지 관측되어 왔다. 단지 그것이 일어나는 순간을 관측하지 못하고 있을 뿐이다. 그것은 살인범이 살인을 저지르고 나서 경찰이 그 범인을 잡는 것과 비슷하다. 실제 형사는 당연히 살인이 일어나는 순간을 보지 못했다. 그러나 형사는 많은 실마리와 엄청난 양의 상황증거로 사건을 해결할 수 있다. … 진화는 진정한 과학자에게 마치 영어단어게임에서 하나 하나 스펠링을 불러주는 것만큼이나 마찬가지로 명확하다. 고로 신이란 단지 인간에 의해 만들어진 것이지, 실재하는 존재는 아니다. 세상의 모든 문제는 과학으로 설명할 수 있다."

**2. 과학과 신앙은 모순되지 않는다.**

근대과학이 출현하기에 적절한 환경을 제공했던 것은 바로 기독교 세계관이었다.

1. 우리는 유일하신 하나님을 믿는다. 이 신앙은 시간과 공간을 초월하여 변함없이 존재하는 자연법칙, 자연 속의 일관성을 기대하도록 이끈다. 이 세계가 불규칙하고 혼란스럽다면, 체계적인 연구는 불가능할 것이다.

2. 세계가 하나님의 주권과 섭리에 의해 창조되었으므로, 과학자들은 세계가 질서정연하여 인식이 가능하리라고 기대하게 되었다. 16세기 과학자들은 세상이 전지전능하신 하나님에 의해 창조되었으므로 연구해 볼 가치가 있음이 틀림없다고 주장했다.

"인류는 자연법칙이 있으리라고 기대했기에 과학적일 수 있었고, 만물의 법을 만드신 하나님의 존재를 믿었기에 자연법칙을 기대할 수 있었다." (C. S. Lewis, Miracles, 기적, p. 110.)

Note

3. 자연과 분리된 초월적 하나님을 믿는 기독교 신앙 안에서 과학적 실험이 정당화 되었다. 여러 사물들을 신으로 여기는 세계관에서는 이런 과학적 실험이 불가능했을 것이다. 물질은 본질적으로 악하다고 믿는다면, 이 역시 과학 실험은 현명한 일이 아닐 것이다. 기독교의 세계관은 모든 사물은 선하지만, 사물이 곧 하나님은 아니라는 것이다.

근대 과학의 창시자라 불리는 초기 천문학자이자 수학자 요하네스 케플러 (Johannes Kepler, 1571~1630): "과학자로서의 나는 하나님보다 한발 늦게 그분이 의도하신 것을 생각해 낼 뿐이다."

영국의 물리학자 출신 신학자 존 폴킹혼(John Polkinghorne): "성경의 창조 원리는 과학의 진취적인 기상이 생겨나기 위한 본질적인 모형을 제시했다."(One World, 한 세계, p. 1.)

옥스퍼드대학 핵물리학 교수 피터 허드슨(Peter Hodgson): "기독교는 과학에 있어서 핵심이 되는 믿음들을 제공했고, 과학을 고무시키는 전반적인 윤리적 분위기도 제공했다."(John Young, The Case Against Christ, 그리스도를 대적하는 케이스, p. 27.)

스코틀랜드의 도덕철학자(moral philosopher) 존 맥머레이(John MacMurray): "과학은 위대한 종교 운동의 합법적인 자녀이고, 그것의 계보는 예수로 거슬러 올라간다."(Reason & Emotion, 이성과 감정, p. 172.)

기독교와 과학은 서로 모순되는가

> Note

■ 찰스 타운스(Charles H. Townes) 박사는 매사추세츠공과대학(MIT)에 있는 동안 양자전자공학(quantum electronics) 분야에 대한 기초적인 연구 업적으로 1964년에 노벨 물리학상을 수상했다. 이 연구는 증폭레이저 원리(maser-laser principle)에 기초한 발진기(oscillators)와 증폭기(amplifiers)의 제작을 가능하게 했다. 그는 2005년 6월 13일 하버드대학 과학센터에서 《과학과 종교에서 논리와 신비(Logic and Mystery in Science and Religion)》라는 제목의 유명한 강의를 했다. 그는 과학과 종교는 필연적으로 영원히 대립하는 (antagonistic) 관계라는 통례적인 주장을 공개적으로 기각해 버린, 점점 많아지고 있는 최고 수준의 과학자들 중 한 명이 되었다. 이 글을 읽고, 당신의 느낌이나 생각을 말하라.

"과학과 종교는 대부분의 사람들이 생각하는 것보다 훨씬 더 비슷하며, 상당히 평행한 것처럼 보이지만, 결국에 그것들은 하나로 모아질 것에 틀림없다. … 종교와 과학은 둘 다 커다란 증명되지 않은 신비들을 다루고 있으며, 오늘날 이용할 수 있는 최고의 지식들로 움직여지고 있다. 믿음(faith)은 종교에 있어서 하나의 중심 신조(tenet)이다. 그러나 알려지지 않은 광대한 우주의 많은 부분들을 이해하려는 데에, 많은 결점들을 가지는 어떤 이론을 적용시키려는 점에 있어서, 과학자들에게도 상당한 양의 믿음이 또한 보여지고 있다.

예를 들면, 빅뱅(big bang) 이론에서 과학자들의 그러한 믿음들을 보게 된다. 성경에서와 같은 창조 이야기를 말하고 있지는 않지만, 거기에는 하나의 창조가 있었다. 생명체가 우연히 자연적인 과정으로 생겨나기 위해 자연 법칙들을 빠져나갈 구멍은 거의 없다. 이것은 즉각적으로 생명체들이 어떻게 존재하게 되었는지에 대한 질문을 하게 한다는 것이다. 자유의지란 무엇인가? 정신의 본질은 무엇인가? 빅뱅을 야기한 힘은 무엇인가? 빅뱅 이전에는 무엇이 있었는가? 우주는 도대체 얼마나 광대한 것인가? 인간은 이 우주에 대해서 얼마나 알고 있는 것일까? … 이러한 질문들에 대한 대답은 과학적 입장에서 이루어져야 하는가, 종교적 입장에서 이루어져야 하는가?

과학자들, 특히 물리학자들은 이곳 지구는 매우 특별한 세계라는 것을 인정하고 있다. 모든 사물들은 우리들이 존재하기 위해서 거의 정확한 질서 체계를 유지하고 있다. 이곳 지구는 우주에서 환상적으로 특별한 곳이다. 그런데 어떻게 이러한 세계가 우연히 생겨날 수 있단 말인가?"

### 3. 기적(miracle)의 문제

1. 기적에 대한 부정적 입장

   - 유대인 합리주의 철학자 스피노자(Spinoza, 1632~77): "자연이란 기계적인 통일체이므로, 보편적인 자연법칙으로부터 자유로운 것은 아무것도 없다."
   - 스코틀랜드 철학자 데이빗 흄(David Hume, 1711~76): "기적이란 자연법칙을 위배하는 것이므로 불가능한 것이다."
   - 독일의 물리학자 막스 프랑크(Max Planck): "과학의 힘이 꾸준히 확고하게 발전함에 따라 기적에 대한 믿음은 조금씩 그 입지가 좁아질 것이다. 기적에 대한 믿음의 완전한 패배는 시간 문제이다. 과거에 기적으로 여겼던 것들을 지금은 과학으로 설명할 수 있다. 즉 기적을 믿었던 것은 자연법칙을 충분히 이해하지 못했기 때문이다."

2. 기적에 대한 그리스도인의 입장

   - 기독교 변증가이자 작가 씨 에스 루이스(C. S. Lewis, 1898~1963): "기적을 믿는 것은 자연법칙을 몰라서가 아니다. 오히려 그 법칙을 이해하기 때문에 가능하다."(Miracles. 기적. p. 51.)
   - 영국 복음주의 신학자이자 목사 존 스토트(John Stott): "나는 기적

Note

이 하나님 존재를 증명하는 적절한 토대라고 생각지 않는다. 그러나 일단 우리가 하나님을 믿는 다른 근거들을 가지게 되었으니, 기적의 가능성은 그것을 확신하는 것이 논리적이며, 그것을 부정하는 것은 비논리적이다. 자연법칙이란 하나님의 역사를 기술하는 것이지, 그 분의 역사를 통제하는 것이 아니기 때문이다."(Essentials. 근본적인 것들. p. 221.)

성경은 기적들로 가득 차 있다. 따라서 기적을 부인하면 성경을 부인하는 것이 된다. 결국 기적의 문제는 "하나님이 과연 존재하는가?" 하는 물음이다. 하나님이 존재한다면, 기적은 얼마든지 현실적인 가능성의 산물이 된다. 하나님은 물질과 이성, 시간과 공간, 그리고 모든 자연법칙을 창조하셨기에, 무엇이든 어떤 방법으로든 자유롭게 간섭하실 수 있다. 하나님은 영원한 사랑과 무한한 지혜를 가진 절대주권자이시기 때문이다. 다음 글은 한동대 총장 김영길 박사의 간증 중 일부이다. 내용의 요점을 정리하고, 이에 대한 당신의 느낌이나 생각을 말하라.

"우주의 가장 기초적인 물질 세계는 원자와 분자이다. 그 다음이 무생물 세계, 식물 세계, 동물 세계로 올라간다. 그 위로 영, 혼, 육을 가진 인간 세계가 있고 그 다음이 하나님의 세계, 즉 영적 세계이다. 이 영적 세계는 하나님이 주인이지만 마귀의 세계도 같이 존재한다. 그런데 인간은 신앙을 가지지 않으면 하나님의 세계(기적의 세계)를 이해할 수 없다. 그것은 동물의 세계인 강아지가 대화를 하고 책을 보며 자동차를 운전하는 인간의 세계를 도저히 이해하지 못하는 이치와 같다. 따라서 인간이 자신의 영적 수준을 어디에 두느냐에 따라 기사와 이적을 이해하느냐 못하느냐가 결정된다. 하나님을 믿으면 모든 것을 믿게 된다. 만약 성경 속의 기적들이 과학이나 인간적인 지식으로 증명되고 이해된다면, 기독교 신앙은 믿을 가치가 없다. 성경은 과학 교과서가 아니라 영적인 계시로 쓰여진 것이기에 유한한 인간이 무한한 하나님을 평가할 수 없다. 따라서 하나님은 과학의 대상이 아니며 오직 영적인 이해와 성령의 체험으로 이해할 수 있다."

## 4. 진화론(evolution theory)의 문제

1. 찰스 다윈(Charles Darwin, 1809~82) 진화론의 요약
   - 종의 가변성으로 생물계를 포함한 모든 것은 시간이 지남에 따라 변화한다.
   - 지구상의 모든 생물 종들이 하나의 공동 조상으로부터 유래되었다.
   - 진화에 의해 새로운 종들이 나타나면서 생물의 다양성이 증가한다.
   - 진화는 단절이나 불연속성을 보이지 않고 점진적으로 발전하는 단계적 개념을 가진다.
   - 다윈 진화론의 핵심 개념은 자연선택(自然選擇)인데, 냉혹한 생존경쟁 속에서 자연에 적응한 것은 살아남고 그렇지 못한 것들은 도태된다는 것이다.

2. 현대적 평가: 진화론의 많은 부분이 여전히 이론에 머물고 있다
   - 미시적 진화론: 종(種)내의 다양성과 발전을 설명하는 이론으로, 성경과 갈등하지 않고 발전해 왔다. 예를 들어, 말은 오랜 시간에 걸쳐 크기가 매우 커졌으며 여러 가지 면에서 발달해 왔다. 이 진화 이론의 증거는 계속해서 연구되어 왔고 훌륭한 증거들도 많다.
   - 거시적 진화론: 한 종에서 다른 종으로의 진화를 의미하는 것으로, 가장 잘 알려진 예는 유인원에서 인간이 진화해 나왔다는 것이다. 이것은 자주 사실로 여겨지지만, 여전히 증명되지 않은 이론으로서 모든 과학자들이 이 이론을 받아들이는 것은 아니다.

**5. 하나님의 창조 이해: 창세기 1장의 날들은 얼마의 시간이었는가?**

창조 주간의 날(days)들은 그 길이가 24시간(24 hours) 동안이었는가 아니면 오랜 기간(long periods)이었는가? 이 물음에 대한 해답을 위해 창세기 저자가 사용했던 '시간(time)'을 나타내는 히브리어 단어들을 검토함으로, 그가 사용했던 단어들을 통해 어떤 의미를 전달하려고 했는지를 살펴보자.

1. 욤(yôm)의 의미: 모세가 하나님의 감동으로 창세기 1장의 창조에 대한 설명을 편집했을 때, '날(day)'을 가리키는 단어로 '욤(yôm)'이라는 히브리어를 사용했다. 그는 수를 나타내는 단어들('첫째 날', '둘째 날', '셋째 날' 등)과, '저녁과 아침(evening and morning)'이라는 단어들을 욤과 결합시켰다. 그가 욤이라는 단어를 처음 사용했을 때, 욤의 의미를 하루 밤/낮의 주기(one night/day cycle)인 것으로 주의 깊게 정의했다(창 1:5). 그 후로 전 성경을 일관하여 이런 식으로 사용된 욤은 항상 정상적인 24시간으로 된 날과 관련되어 있다. 그래서 하나님이 욤이라는 단어를 이렇게 사용하셨을 때는, 그분은 창조의 각 날들은 24시간의 하루였음을 전달하려고 의도하셨다는 것이 외견상으로 명백하다.

2. 창조가 수십억 년 전에 일어났던 사건이었다면: 만약 하나님께서 창조 사건이 수십 억년 전 과거에 발생했었다는 것을 우리에게 말씀하시기 원하셨다면, 그것을 그렇게 말씀하실 수 있는 몇 가지 방법이 있으셨다. 즉 야밈(yamim, 'yôm'의 복수)이라는 단어를 홀로 또는 '저녁과 아침'과 함께 쓸 수 있으셨다. 그러면 그것은 저녁과 아침으로 된 '날들(days)'을 의미했다. 이것은 가장 간단한 방법이었을 것이고, 그

래서 많은 날들을, 더 나아가 장구한 시대를 나타낼 가능성이 있었을 것이다. 퀘뎀(qedem)이라는 단어를 단독으로, 또는 '날들'과 함께 쓸 수 있었을 것이다. 이것은 고대의 날들을 의미하였을 것이다. 오람(olam)이라는 단어를 '날들'과 함께 썼다면, 그것은 오래된 날들을 의미하였을 것이다. 그래서 만약 하나님이 우리에게 장구한 시간 전에 창조 사건이 있었음을 전하려고 하셨다면, 하나님이 우리에게 이것을 말해주실 수 있는 최소한 3가지의 문장 구성법이 있었다. 그러나 하나님은 이들 중 어떤 것도 택하여 사용하시지 않으셨다.

3. 창조가 수십억 년 전부터 계속 진행되고 있는 사건이었다면: 만약 하나님께서 먼 과거에 창조를 시작하셨으나, 어떤 종류의 유신론적 진화가 일어나도록 하여 이후로 계속 진행되었다는 것을 우리에게 말씀하기를 원하셨다면, 그분은 그것을 말씀하실 수 있는 몇 가지 방법이 있으셨다. 도르(dor)를 단독으로, 혹은 '날들', '낮들과 밤들', '저녁과 아침' 등과 함께 사용하여 표현하실 수 있었고, 그것은 여러 세대들에 걸친 날들과 밤들이었음을 의미할 수 있었다. 만약 이것이 그런 의미였다면, 진화론에서 주장하는 영겁(aeons)을 가리키는 최고의 단어였을 것이다. 또한 오람(olam)을 전치사 레(le)와 함께, 그리고 '날들' 또는 '저녁과 아침'을 더하여 사용하였다면, 이것은 '영구적(perpetual)'인 것을 의미할 수 있었다. 또 다른 구조로 레 오람 바에드(le olam va-ed)는 '시대를 나아가며'를 의미하며, 출애굽기 15장 18절에서는 '영원무궁하시도다'(개역한글)로 번역되었다.

4. 애매모호한 시간이었다면: 만약 하나님이 창조과정이 얼마나 오래 걸렸는지에 대해 아무런 실제적 시사를 하지 않으시면서, 창조가 그냥

Note

과거에 일어났다고만 말씀하시고 싶으셨다면, 그렇게 할 수 있었던 방법들이 있었다. 욤(yôm)을 '빛과 어두움(light and darkness)'과 결합시켜 나타내었다면, 그것은 빛과 어두움의 하루였음을 의미하였을 것이다. 빛과 어두움은 구약성경의 다른 곳에서 상징적으로 사용되었기 때문에 모호할 수 있었다. 그러나 '저녁과 아침'과 함께, 특히 그 앞에 숫자들과 함께 쓰여진 욤(yôm)은 결코 애매모호할 수 없다.

■ **여기서 저자의 의도에 대해 살펴보자. 다음의 고찰은 하나님이 우리가 무엇을 이해하기 의도했는지를 보여준다.**

1. 성경 어느 부분의 의미는 저자의 의도가 무엇이었는가에 의해서 결정되어야 한다. 창세기의 경우 저자의 의도는 분명히 역사적인 설명을 기록하기 위한 것이었다. 이것은 예수 그리스도와 바울이 창세기를 대했던 방법에 의해 알 수 있다. 다시 말하면 예수님과 바울은 창세기를 실제로 있었던 역사적 사실로 인용했지, 상징적인 신화나 비유로 생각하지 않으셨다. 분명히 저자의 의도는 우화적인 시, 환상, 또는 신화를 전하는 것이 아니었다. 옥스퍼드 대학의 히브리어 교수인 제임스 바(James Barr)는 창세기 1장에서 사용된 단어들에 대해 다음과 같이 말했다. "나는 욤이 우리가 현재 경험하는 24시간으로 된 하루와 똑같은 연속적인 6일을 언급하고 있다는 것에 동의한다. 유수한 대학의 히브리어 교수들 중 어느 누구도 이와 같은 해석과 다르게 말하는 사람은 없는 것으로 알고 있다." (Source: letter from Prof. James Barr to David C. C. Watson, dated 23 April 1984.)

2. 성경은 인간들에게 주신 하나님의 메시지다. 주신 그대로의 메시지를 받는 것이 우리가 할 일이다. 아이들은 창세기의 의미를 이해하는 데

에 아무런 문제가 없다. 다른 해석들이 생겨나는 것은 사람들이 진화론/무신론 등과 같은 성경 바깥의 개념들과 조화시키기 위해 성경을 해석하려고 하기 때문이다.

3. 만약 '날들(days)'이 보통의 날들이 아니었다면, 그때는 하나님은 수천 년 동안 그의 백성들을 심각하게 오도해온 책임을 면할 수 없을 것이다. 수억 수천만 년의 오래된 연대와 진화론에 성경을 조화시키려는 시도가 있기 전까지, 주석가들은 보편적으로 창세기를 말씀하고 있는 그대로 이해했다.

■ 창세기 1장에서 하나님은 모세의 '펜'을 통해서, 창조의 '날들'은 글자 그대로 지구 자전에 의한 24시간의 하루들이라는 것을 우리에게 말씀해 주시기 위해 그의 방법을 사용하셨다. 이렇게 하시기 위해 하나님은 '숫자들'과 '저녁이 되며 아침이 되니'라는 단어들과 결합된 욤(yôm)이라는 히브리어 단어를 사용하셨다. 만약 하나님께서 그것이 수십억 년 전의 창조였다고 우리에게 말씀하시기를 원하셨다면, 그때는 그렇게 말씀하실 수 있었던 여러 좋은 방법들이 있었다. 그러나 하나님은 문자적인 태양일(24시간 하루) 이외의 다른 의미를 전달할 어떠한 구도도 선택하지 않으셨다. 창조의 '날들'은 24시간의 날이라는 것이 사용된 히브리어 단어가 보여주는 유일한 의미다. 하나님이 이와 같은 의미로 말씀하셨다는 것은, 같은 단어인 '날들'이 일관적으로 사용된 다음의 말씀에서 확인할 수 있다:

"엿새 동안은 힘써 네 모든 일을 행할 것이나 일곱째 날은 네 하나님 여호와의 안식일인즉 너나 네 아들이나 네 딸이나 네 남종이나 네 여종이나 네 가축이나

Note

Note

네 문안에 머무는 객이라도 아무 일도 하지 말라 이는 엿새 동안에 나 여호와가 하늘과 땅과 바다와 그 가운데 모든 것을 만들고 일곱째 날에 쉬었음이라 그러므로 나 여호와가 안식일을 복되게 하여 그 날을 거룩하게 하였느니라"(출 20:9~11, 개역개정).

"이같이 이스라엘 자손이 안식일을 지켜서 그것으로 대대로 영원한 언약을 삼을 것이니 이는 나와 이스라엘 자손 사이에 영원한 표징이며 나 여호와가 엿새 동안에 천지를 창조하고 일곱째 날에 일을 마치고 쉬었음이니라 하라 여호와께서 시내 산 위에서 모세에게 이르시기를 마치신 때에 증거판 둘을 모세에게 주시니 이는 돌판이요 하나님이 친히 쓰신 것이더라"(출 31:16~18).

## 과학과 신앙은 적도 아니고, 조화될 수 없는 물과 기름도 아니다.

세계는 하나님의 주권과 섭리에 의해 창조되고 유지되기 때문에, 과학자들은 질서정연한 세계를 연구할 수 있게 된 것이다. 신앙은 과학의 터전과 동기를 제공하고, 과학은 신앙의 합리성과 진실성을 보완한다

■ 지면 관계상 노벨상을 수상한 무수한 그리스도인 과학자들 중 오직 네 명만 소개하려고 한다. 그들에게 있어서 신앙은 과학을 위한 원천이요 힘이며 지혜였다.

1. 앞에 소개한 찰스 타운스(Charles H. Townes)는 레이저를 발견함으로써 상당히 중요한 기여를 했다. 그는 별들 사이의 공간에서 분자를 발견함으로써 두 번째 노벨상을 탈 뻔했다. 그는《파동 만들기(Making Waves)》라는 제목으로 자서전을 썼다. 그 책 이름은 파동의 성질을 지닌 레이저를 두고 말장난을 한 것이다. 이 책에서 한 구절을 인용해 보자.

"당신은 이렇게 물을지도 모른다. 이 모든 것에 하나님이 어디에 들어올 곳이 있냐고? 나에게는 그것이 아무 의미 없는 질문으로 보인다. 만일 당신이 하나님을 조금이라도 믿는다면, 어떤 특정한 장소가 문제되지 않는다. 그는 언제나 있으시고, 어디에나 계신다. 하나님은 매우 개인적으로 만나주시는 분이지만, 또 온 우주에 계시는 분이시다. 나의 힘의 원천이시고 나에게 엄청난 변화를 일으키셨다."

2. 아서 샬로우(Arthur Schawlow, 1921~1999)는 1981년에 노벨상을 탔

다. 유대인 아버지와 캐나다인 어머니 사이에서 태어난 그는 오랫동안 스탠포드대학의 물리학 교수로 근무했다. 그는 그리스도인인 것을 매우 자랑스럽게 생각했으며, 다음과 같은 특별한 선언을 공개적으로 했다: "우리에게 성경이 있어서 참 다행이다. 그리고 특히 신약이 그렇다. 신약은 가까이 오셨던 하나님에 대한 많은 이야기들을 사람의 용어로 말해주고 있다."

3. 알란 샌디지(Allan Sandage)는 카네기 대학의 세계적으로 위대한 관측 천문학자이다. 그는 1991년 스웨덴의 왕립 아카데미로부터 크라푸어드상(Crafoord Prize, 우주공학자에게 주는 노벨상)을 받았을 때, 뉴욕타임스에 의해 우주론의 증조 할아버지(Grand Father of Cosmology)라고 불리기 시작했다. 그는 다음과 같이 간증한다. "하나님의 본질은 과학의 어떤 부분에서 발견되는 것이 아니다. 그것을 위해서는 성경을 보아야 한다." 어떤 책에서 그는 고전적인 질문을 한다. "사람이 과학자이면서 동시에 그리스도인이 될 수 있는가?" 이에 그는 스스로 대답한다. "할 수 있다. 내가 그런 사람이다." 유대인의 혈통인 그는 50세에 그리스도인이 되었다. 이거야말로 이미 늦었다라는 말은 맞지 않다는 증거이다. 이 사람은 우주의 나이에 대해 가장 정확한 값을 구해야 할 책임이 있는 사람이다. 그러나 이 명석한 우주과학자는 어떻게 과학자이면서 그리스도인이 되었느냐고 물으면, 우주가 아니라 생물에 대해 이야기한다: "이 세계는 너무도 복잡하게 상호 연결되어 있다. 이것들이 모두 우연적으로 생겨난다는 것은 불가능하다. 나는 생명체의 존재와 모든 생명체 안에 있는 놀라운 질서들이 너무도 정교하고 조화롭다는 사실에 놀라울 뿐이다."

4. 오늘날 물리학에서는 훨씬 어린 나이에도 노벨상을 받을 수 있게 되었다. 윌리엄 필립스(William Phillips)는 1997년 50세도 안 되어서 받았으니 말이다. 그는 미국 국가규격과 기술연구소, 핵물리부(National Institute of Standards and Technology, Atomic Physics Division)의 연구원으로 일하고 있다. 그는 원자를 레이저로 잡아서 식히는 과정에 대해 상을 받았다. 노벨상을 탄 후 열린 기자회견석상에서 그는 말했다. "하나님께서는 우리에게 그 안에 살기에 그리고 탐색하기에 믿을 수 없을 만큼 매력적인 세계를 만들어 주셨습니다."

## chapter 10 묵상과 반성을 위한 질문

- 현대과학 출현을 위해 적합한 환경을 제공하는 데 기독교가 기여한 것은 무엇인가?

- 기적을 실현 불가능한 일이라고 부정하는 것이 왜 잘못된 일인가?

- 창조에 대한 성경의 입장과 진화론이 어떤 점에서 어떻게 모순되는가? 이 문제를 어떻게 설명할 수 있을까?

- 창세기 1장과 2장의 여러 가지 다른 해석에 어떤 것들이 있는가? 그 가운데 어떤 것이 가장 설득력 있다고 생각하며, 그 이유는 무엇인가?

- 과학이 하나님의 존재에 대한 암시를 주는 방법에는 어떤 것이 있는가? 그럼에도 이런 과학적 제시들이 하나님의 존재에 대한 확고한 증거가 되기에는 불충분한 이유는 또 무엇일까?

- 노벨상을 수상한 그리스도인 과학자들의 고백과 간증을 통해 무엇을 배우게 되는가? "하나님 신앙이 과학을 위한 힘과 지혜"라는 말에 대한 당신의 느낌이나 생각은 어떠한가?

The Sovereignty of God
&
Human Responsibility

"그리스도인은 과학으로부터 물질계가 과연 어떻게 구성되어 있는지를 배울 수 있다. 과학은 하나님의 창조물인 이 세계가 과연 어떻게 구성되었고 발전해 왔는지를 설명하는 한 방법이다. 신비한 주술을 통해서가 아니라, 일정한 원리와 과정을 통해서 이 세계를 만드신 분은 분명 인내하는 하나님이다. 인간은 과학에서 얻을 수 있는 것보다 훨씬 더 깊고 진지한 이해를 성경을 통해 구할 수 있다. 물질세계가 고도의 수학적인 원리로 이해될 수 있다는 사실과(그 이면에 The Mind, 정신이 있다는 증거) 그 조화로운 열매 맺음(신성한 목적이 있음의 증거)은 세계는 창조된 것이라는 사실을 보여준다."

존 폴킹혼, John Polkinghorne, The Daily Telegraph, 24th August, 1992.

chapter 11

# 하나님의 주권과 인생 경영

The Sovereignty of God
& Human Responsibility

"우리에게 우리 날 계수함을 가르치사 지혜의 마음을 얻게 하소서."
시편 90:12, 개역개정

"의논이 없으면 경영이 파하고 조언자가 많으면 경영이 성립하느니라."
잠언 15:22, 개역개정

"너희 가운데 한 사람이 탑을 세우려고 하는데,
우선 앉아서 이 일을 완성하는 데 얼마의 비용이 들지 따져 볼 것이 아니냐?
만일 기초 공사만 하고 완성할 수 없게 되면 보던 사람들이 모두 너를 비웃기 시작할 것이다.
그리고 '이 사람이 공사를 시작만 하고 끝내지는 못했다'라고 말할 것이다."
누가복음 14:28~30

## 서론
introduction

오늘 우리는 비즈니스 경영시대를 살아가고 있다. CEO는 이 시대 경영자의 상징이 되었다. 경영자의 리더십에 따라 기업의 가치가 결정되고 기업의 운명이 달라진다. 그래서 기업마다 준비된 CEO를 모셔오기 위해 전력 투구한다. 이 시대는 정치, 교육, 종교영역의 리더들에게도 경영 마인드를 요구하게 되었다. 그런데 인생에서 경영의 지혜가 가장 요청되는 영역은 바로 우리의 인생 그 자체이다. 인생을 잘 산다는 것은 바로 경영의 지혜를 요구하는 일이다. 지혜로운 인생 경영은 하나님의 주권을 인정하고, 그 하나님을 경외하며 사는 데 있다. "여호와를 경외함이 지혜의 근본이요, 거룩한 분을 아는 것이 명철의 시작이다"(잠 9:10).

성경은 하나님의 주권과 심판의 진리를 동시에 가르친다. 하나님의 주권은 하나님의 선택, 섭리, 인도하심, 은혜 등 하나님이 주도하시는 일들을 말한다. 하나님은 만세 전에 그분의 택한 백성들을 예정하시고 또 정한 때에 부르사 구원하시고 영화롭게 하신다(엡 1:4, 롬 8:30). 우리 인생의 많은 부분은 우리의 선택에 의해 주어진 것이 아니다. 우리의 유전자나 생긴 형태나 피부색은 우리의 의지와 관계없이 생긴 것이다. 이것이 하나님의

Note

Note

주권이다.

하나님의 심판은 우리 인생들이 자신의 선택에 대해 져야 할 책임에 대해 가르친다. 하나님은 우리가 마음과 힘과 성품을 다해 사랑하기를 원한다. 하나님은 우리의 마음과 뜻과 무엇보다도 우리 행위의 결과를 평가한다. 이렇게 심판하시는 하나님은 공의의 하나님이다. 그런데 주권을 행사하시는 하나님과 심판하시는 하나님은 상극이 아니다. 하나님은 우리를 그의 뜻대로 축복하실 뿐 아니라, 각개 인간의 자립적이고 책임성 있는 인생 경영을 원하신다.

> **교훈의 핵심** 그리스도인의 인생 경영이란 하나님의 주권에 기초한 우리의 선택과 노력에 대한 책임을 의미한다. 하나님의 축복 없이 이루어지는 일은 다 헛되다(시 127:1). 그러므로 우리는 하나님의 명령에 자발적으로 순종하며 자신의 선택에 책임지는 생활을 해야 한다.

**1. 인생 경영이 왜 중요한가?**

1. 전도서 3장 1~8절을 읽으라. 이 본문에 보면, "천하에 범사가 때가 있다"고 했다. 구체적으로 어떤 때가 있음을 말해 주는가? 왜 이때가 중요한가? 이때에 대한 분별은 어떻게 얻을 수 있는 것인가?

2. 미국의 경영학자 로버트 쿠퍼(Robert K. Cooper)가 쓴 베스트셀러 중에 《The Other 90%: How to Unlock Your Vast Untapped Potential for Leadership and Life (나머지 90%: 어떻게 리더십과 인생을 위해 당신의 사용되지 않은 가능성을 열 수 있을까?)》란 책이 있다. 저자는 대부분의 사람들은 자신이 가진 능력과 역량의 10%도 사용해 보지 못한 채 삶을 마감한다고 했다. 이 책은 100% 인생 경영의 전략과 지혜를 제시하고

있다. 저자는 14세의 손주(저자)에게 임종을 앞두고 "난 평생 잘못 살아 왔단다"라고 말한 할아버지에 대해 소개한다. 이 책의 요점은 할아버지가 손주에게 한 이야기 속에 잘 나타나 있다. 할아버지는 손주에게 무엇이라 말했는가? 이 이야기는 인생 경영에 대해 무엇을 가르쳐 주는가? 그리스도인으로서 이 이야기를 통해 무엇을 배우게 되는가?

Note

"내가 알고 있는 위대한 인물들에 대해서 (병원에서) 곰곰이 생각해 봤단다. 그랬더니 그들은 하나같이 다른 사람들이 포기할 때도 결코 포기하지 않은 사람들이었어. 그들은 모든 사람들이 할 수 없다고 포기한 것들을 해낼 수 있는 방법을 찾아낸 사람들이었어. 또 그들은 단지 직장에서 잘리지 않으려고 열심히 일했던 사람들이 아니었어. 그들은 자신의 내면 깊은 곳까지 이르러 그곳에서 자신이 가진 그 이상의 무언가를 찾아낸 사람들이었어. 그들은 뭔가 다른 위대한 차이를 이끌어냈던 거지. 네 내면을 잘 들여다보거라. 새로운 가능성들을 실험해보는 거야. 네게 가장 중요한 것을 찾는 거다. 우리 중에서 스스로 그걸 실천하는 사람들은 매우 드물단다. 대신 우리는 숨을 죽이고 조용히 고개를 돌려 외면하지. 우리는 과거의 모습을 바꾸지 않으려고 애를 쓴단다. 그러면서 이렇게 말하지, '이 정도면 충분해'라고 말이야. 나는 네가 나처럼 어느 날 잠에서 깨어나 다음과 같이 말하지 않게 되길 진심으로 바란다. '난 인생을 잘못 살았어. 그리고 이젠 그걸 되돌리기에 너무 늦어버렸어.' 그렇게 두려워할 건 없단다. 용기를 내거라. 그리고 그건 나이와 전혀 상관없단다. 살면서 너는 매일매일 네 안에 숨겨진 잠재력에 대해 더 많이 알게 될 거야. 날마다 너는 과거의 너를 능가하는 존재가 될 수 있어."

## 2. 하나님의 주권에 기초한 인생 경영 (그림을 보여주시는 하나님)

자기 경영의 기초는 인생에 대한 설계도, 즉 꿈을 그리는 일이다. 그리고 꿈을 가진 자는 그 꿈을 이룰 수 있는 구체적인 계획을 세워야 한다. 나아가 자신의 큰 꿈을 이룰 수 있는 능력을 배양하기 위해 작은 꿈에 대한 성취의 경험이 필요하다. 그러다 보면 세상을 새롭게 보는 관점을 갖게 되고, 자신이 무엇을 해야 할 것인가를 깨닫게 된다. 작은 강들이 모아져서 큰 강을 이루듯, 작은 꿈이 큰 꿈을 만든다. 작은 꿈을 이루지 못하면 큰 꿈은 결코 이룰 수 없다. 성경은 잠언 29장 18절에서 "비전이 없는 백성은 망한다"(Where there is no vision, the people perish; KJV)라고 했다. 하나님은 자기 백성을 부르실 때 반드시 꿈과 비전, 즉 그림을 보여 주신다.

1. 하나님은 75세의 늙은 아브라함을 부르셨을 때, 어떤 그림을 보여 주셨는가?(창 12:2)

2. 하나님이 애굽에서 400년 이상 노예 생활을 하는 이스라엘 백성들을 해방시키기 위해 그들에게 어떤 그림을 보여 주셨는가?(출 3:8)

3. 출애굽 한 이스라엘 백성이 시내 산에 도착했을 때, 하나님이 그들에게 보여준 그림은 무엇인가?(출 19:5~6)

4. 이사야 49장 6절을 읽으라. 하나님은 이스라엘로 하여금 무엇이 되게 하겠다고 하셨는가?

5. 하나님은 하박국을 통해 이스라엘 백성에게 "물이 바다를 덮음같이 여호와의 영광을 인정하는 것이 세상에 가득하리라"(합 2:14)는 미래의 엄청난 그림을 제시하셨다. 이것을 우리는 킹덤 드림(Kingdom Dream) 또는 하나님의 꿈(The Dream of God)이라 부른다. 이 꿈이

당신에게 어떤 의미로 다가오는가? 이 꿈의 실현을 위해 당신은 무엇을 하고 있는가?

6. 예수님이 베드로를 향해 "나를 따르라"고 부르셨을 때, 그의 인생에 대해 어떤 그림을 그려 주셨는가?(마 4:19)

7. 예수님은 가고 오는 세대의 그의 모든 제자들이 어떻게 되길 원하셨는가?(마 5:13~14)

8. 당신은 인생에서 어떤 그림을 그리고 있는가? 그 그림의 완성을 위해 당신은 무엇을 하고 있는가? 그 그림이 완성될 때, 누가 가장 큰 유익을 얻게 되는가? 만약 그 그림이 궁극적으로 하나님을 위한 것이 아니라면, 당신의 삶은 지금 누구를 위해 종을 울리고 있는 것인가?

## 3. 하나님의 주권과 우리의 노력과 책임

하나님은 자신의 완전하신 뜻과 섭리에 어긋나는 어떤 인간의 행위도 허용하지 않는다. 다음의 구절들은 우리에게 무엇을 가르쳐 주는가? 하나님의 뜻을 이루기 위해 우리가 해야 할 일이 무엇인가에 대해 생각해 보라.

1. "사람은 자기 마음에 앞날을 계획하지만, 그 걸음을 정하시는 이는 여호와이시다"(잠 16:9).

2. "사람의 마음에는 많은 계획이 있지만, 결국 여호와의 뜻대로 성취된다"(잠 19:21).

3. "여호와를 거스르는 것은 그 어떤 지혜, 통찰력, 계획으로도 성공하지 못한다"(잠 21:30).

4. "하나님께서 하시는 일을 살펴보아라. 그가 굽게 하신 것을 누가 바르게 할 수 있을까?"(전 7:13)

5. "주께서 명령하지 않으시면 그 누가 말로 뜻을 이룰 수 있겠는가?"(애 3:37)

6. "너희가 도리어 말하기를 주의 뜻이면 우리가 살기도 하고 이것이나 저것을 하리라 할 것이거늘"(약 4:15, 개역개정).

7. "구하라, 그러면 너희에게 주실 것이다. 찾아라, 그러면 발견할 것이다. 두드려라, 그러면 문이 너희에게 열릴 것이다. 구하는 사람은 누구든지 받을 것이다. 찾는 사람은 찾을 것이다. 그리고 두드리는 사람에게는 문이 열릴 것이다"(마 7:7~8)

8. "이 모든 일에 전심 전력하여 너의 진보를 모든 사람에게 나타나게 하라"(딤전 4:15).

9. "너는 모든 일에 신중하여 고난을 받으며 전도자의 일을 하며 네 직무를 다하라"(딤후 4:5).

10. "죽음이 눈앞에 다가오더라도 끝까지 충성하라. 그러면 생명의 면류관을 네게 줄 것이다"(계 2:10).

## 4. 인생과 경영학(Business Administration)

앞서 생각한 것처럼 모든 진리는 하나님의 진리다. 따라서 우리는 세상 종교와 철학, 학문으로부터도 배울 것이 있다. 특히 인생 경영의 문제는 현대 경영학이 제시하는 지혜를 배울 필요가 있다. 경영학은 20세기 산업 구조가 복잡해지고 수많은 기업들 사이에 경쟁이 치열해짐에 따라서 실제 경영에 필요로 하는 지식의 체계화와 이의 전달을 위해 경제학에서 독립한 학문이다. 경영학의 범위는 참으로 광범위하다. 개인이나 조직, 국가와 세계를 효과적으로 운영하는 모든 것에 대해 연구하기 때문이다. 경영학의 주된 관심사를 12개의 주제로 분류하여 정리한 후, 이 주제들에 성경의 원리를 대입하여 인생 경영의 문제를 적용해 보자.

1. 시간 안에서의 목표 선정(purpose in time): 인간이나 모든 조직은 시간 안에서 움직인다. 경영학은 무엇보다도 시간 안에서 목표를 설정하고, 그 목표를 향해 나아가는 것을 주시한다. 경영학에서는 단기, 장기 목표를 중시하고 개인과 조직이 이를 위해 움직이는 것을 가정한다. 인생 경영을 논함에 있어서 시간 안에서의 목표 설정에 대한 이해가 필요하다.

　① 요한복음 21장 18절을 읽으라. 예수님이 베드로에게 "젊어서와 늙어서" 각각 어찌 된다고 했으며, 무슨 의미인가?

　② 공자는 논어(論語) 위정(爲政) 제4절에서 인생의 나이와 성숙도에 관해 말했다. 셰익스피어는 "세상에 나이 값 하는 자가 거의 없다"라고 했는데, 당신은 어떠한가? 당신은 나이에 따른 성숙도를 가지고 있는가?

> "15세에 배움에 뜻을 두고, 30세에 자립하고, 40세에 유혹에 빠지지 않고, 50세에 하늘의 명을 알고, 60세에 남의 말을 알아듣고, 70세에 이르러서는 내 마음대로 해도 법도에 어긋남이 없더라."

Note

2. 주제(theme): 시간에 관한 관념이 중요한 만큼 각 개인이나 기관마다 어떤 주제를 설정하고 큰 방향을 잡는 것이 중요하다. 주제가 있는 인생과 조직은 큰 흐름을 잡아 나갈 수 있다.

① 빌립보서 1장 20~21절에 나타난 바울의 "간절한 기대와 소망," 즉 그가 추구한 인생의 목표, 주제는 무엇인가?

② 지금 당신을 끌어가고 있는 인생의 주제는 무엇인가? 이것을 바울과 비교할 때, 어떤 느낌이나 생각을 가지게 되는가?

3. 기초(foundation or fundamentals): 개인이나 조직의 성공 여부는 건전한 기초에 있다. 많은 경영 이론은 시대의 요구에 따라 변하지만, 경영의 중심 이론은 기초/기본/본질에 대한 연구이다. 훌륭한 개인이나 조직은 문제를 지엽적으로 다루기보다 그 문제의 핵심 또는 근본적인 기초를 묻게 된다.

■ 예수님은 마태복음 7장 24~27절에서 '두 건축자의 비유'를 가르쳐 주셨다.

① 두 건축자는 각각 누구인가?

② 지혜로운 건축자는 어떤 자인가?

③ '비가 내리고 창수가 나고 바람이 불고'란 구체적으로 무엇을 의미하는 것인가?

④ 당신은 지혜로운 건축자인가, 어리석은 건축자인가? 왜 그렇게 생각하는가? 지혜로운 건축자가 되기 위해 무엇이 필요한가?

4. 가치관(values)/문화(culture): 성공적인 개인이나 기업은 가치관과 문화가 잘 형성되어 있다. 세계의 유수한 기업들은 각기 독특한 기업 문화와 가치관이 강조되고 있다. 예를 들면, GE(General Electric)는 어떤 사업을 하든지 세계 1위, 또는 2위가 될 것을 강조하는 기업 문화

가 있다. 한국의 삼성은 세계적인 IT(Information Technology)의 리더로서 분명한 가치관과 기업 문화가 있다. 기업의 가치관과 문화가 지속적인 기업의 성공에 있어서 중요 관건이다.

■ 빌립보서 4장 4~9절을 읽고, 다음 물음에 답하라.
 ① 바울의 '신뢰할 만한 육체적 요소들'은 무엇인가?(4~6절)
 ② 왜 바울은 '신뢰할 만한 육체적 요소들'을 배설물로 여긴다 했는가?(7~8절)
 ③ 당신이 가장 소중하게 여기는 것들은 무엇인가? 지난 일주일 동안 당신의 시간과 물질이 어디에 가장 많이 사용되었는가?
 ④ 당신의 가치관을 바울과 비교할 때, 어떤 느낌이나 생각을 가지게 되는가?

5. 인간관계(human relationship)의 중요성: 아무리 과학기술이 발달해도 이를 움직이는 것은 사람이다. 기술 자체로는 목적을 이룰 수 없다. 또한 기업은 한 사람이 운영하는 것이 아니어서 많은 사람들의 종합적 능력이 중요하다. 성공적인 기업은 기업 내부에서의 인간관계와 기업간의 건전한 인간관계를 유지하는 데 있다.

■ 성경은 "할 수 있거든 너희로서는 모든 사람과 더불어 화목하라"(롬 12:18)라고 했다. 당신의 인간관계를 스스로 평가한다면, 어떤 점수를 매길 수 있을까? 원만한 인간관계를 위해 당신에게 가장 필요한 것이 있다면 무엇인가?

6. 역량(core competencies): 개인과 기업들은 주된 역량 개발을 위해 온 정성을 들인다. 1980년만 하더라도 IBM은 컴퓨터 생산 회사였다. 그런데 최근에는 IT를 이용한 기업 자문(컨설팅) 역량을 키우는 데 최선을 다하고 있다.

- 디모데전서 4장 12~15절을 읽고, 다음 물음에 답하라.

  ① 바울은 디모데에게 무엇을 "업신여김 받지 말라" 했으며, 그렇게 하기 위해 어찌 되어야 한다고 했는가?(12절)

  ② 바울은 디모데가 인정과 존경 받는 지도자가 되기 위해 부단히 어떤 일에 힘써야 한다고 강조했는가?(13~15절)

  ③ "이 모든 일에 전심전력 하여 너의 진보를 모든 사람에게 나타나게 하라"(15절)는 말씀을 암송하라. 지금 당신이 하는 일이나 인격의 면에서 진보를 나타내기 위해 전심전력해야 할 일들이 있다면 무엇인가?

7. 정체성(identity): 성공하는 개인이나 기업은 자신의 정체성을 분명히 한다. 이것은 할 수 있는 것과 할 수 없는 것을 구별하는 것이다. 개인이나 기업은 문어발과 같이 모든 것을 무조건 다 하고자 하는 것이 능사가 아니다. 성공적인 기업은 자신의 정체성이 분명하여 분수와 한계를 잘 안다.

- 로마서 12장 3절을 읽으라. 어떤 성경학자는 이 본문이 헬라 철학의 한 주제인 "너 자신을 알라"(Know Yourself)의 성서적 버전이라 했다. 당신은 자신의 주제 파악을 잘 하고 있다고 생각하는가? 당신은 예스(Yes)와 노(No)가 분명한가? 최근에 어떤 일에 대해 예스하고, 어떤 일에 노했는가? 그렇게 대답함으로 뒤에 가서 후회해 본 일은 없었는가, 후회했다면 그 이유는 무엇인가?

8. 문제 해결 중심: 경영학은 문제 해결을 추구하는 학문이다. 이를 위해 문제의 본질(heart of the issue)을 알고자 하고 그에 대한 해결 가능성(alternatives)을 찾고 그의 해결점을 향해 실행하는 과정이다.

■ 예수님이 보여주는 가장 뛰어난 것 중의 하나는 인간을 만나거나 어떤 상황에 직면할 때, 그 내면의 본질을 간파하는 능력이다. (참고; 요 1:42, 47~48, 2:22~25, 3:2~3, 4:16~18, 6:70~71 등.) 당신의 사물과 인간을 보는 안목은 어떠한가? 겉만 보고 쉽게 판단하는 타입인가, 아니면 신중하고 사려 깊은 축인가? 우리가 문제의 핵심을 보다 깊이 들여다 보기 위한 훈련을 위해서 어떤 일에 힘써야 할까?

9. 우선순위(priority)와 집중(focus): 모든 목표들이 다 똑같이 중요한 것은 아니다. 그래서 개인과 국가는 항상 여러 목표들의 우선순위를 정하고 거기에 무엇을 할 것인가를 정하게 된다. 성공적인 경영학은 우선 순위에 따라 정확한 시점에 무엇에 집중할 것인가를 분명히 하는 것이다.

■ 마태복음 6장 31~34절을 읽고, 다음 물음에 답하라.
　① 당신이 요즘 가장 염려하는 것은 무엇인가?
　② 예수님은 인생의 우선순위로 무엇을 가르쳤는가? 그 의미는 무엇인가?
　③ 왜 예수님은 "내일 일은 내일 염려하라"고 했을까?
　④ 당신 인생의 우선순위는 주님의 말씀을 따르고 있는가? 만약 그렇지 않다면, 그리 되기 위해 무엇을 어떻게 해야 할까?

10. 종합적 관점(total perspective): 사물을 평가함에 있어서 한두 가지 기준으로 하기보다 종합적이고 균형적인 관점에서 모든 것을 보아야 한다. 지속되는 성공은 한 면에 치우치지 않고 필요한 각 요소가 함께 고려되어야 한다.

Note

■ 디모데후서 4장 1~2절을 읽고, 다음 물음에 답하라.

① 바울이 엄히 명한 것은 무엇인가?(2절)

② 바울은 이 엄한 명령을 무엇을 두고 말한다 했는가?(1절)

③ 이 말씀 속에 바울이 가진 안목의 폭과 깊이가 어떻게 나타나 있는가?

④ 당신의 인생과 사물을 보는 안목은 어떠한가? 너무도 피상적이고 찰나적이지는 않은가? 바울처럼 현실에 살면서도 신전의식(Coram Deo, in the Presence of God)을 가지고 완성될 하나님 나라에 대한 전망 속에서 말하고 행동하려면 어찌 해야 할까?

11. 과정(processes)에 대한 이해: 경영학은 과정에 대한 질적인 이해가 중요하다. 건전한 과정은 개인과 조직이 움직이는 활력소라고 할 수 있다.

■ 마태복음 13장 31~32절의 '겨자씨 비유'를 읽으라.

① 겨자씨의 처음과 나중이 어떻게 다른가?

② 예수님이 천국을 겨자씨의 생성 과정으로 묘사한 이유가 무엇인가? 이 비유에 담긴 핵심적인 메시지는 무엇인가?

③ 성경은 "심는 대로 거둔다"(갈 6:7)고 했다. 당신이 요즘 당신 속에 가장 많이 뿌리고 있는 씨앗들은 무엇인가? 어떤 이에 대한 미움 때문에 밤잠을 설치며 이를 갈고 있지는 않은가? 드라마나 영화에 푹 빠져 있지는 않은가? 어떤 사람에 대한 그리움 때문에 종종 흘러가는 구름을 보며 한숨 짓고 있지는 않은가? 아니면, 규칙적인 큐티와 성경 공부를 통해 영의 양식인 주의 말씀을 먹으며 사는가?

12. 결과(outcomes)에 대한 측정: 모든 일에는 반드시 결과가 있다. 그리고 일의 결과는 반드시 측정되어야 한다.

■ 마태복음 7장 15~20절을 읽고, 다음 물음에 답하라.

① 거짓 선지자는 어떤 자와 같다고 했는가? (15절)

② 열매를 보고 그들을 안다고 했는데, 그 이유는 무엇인가? (16~18절)

③ 우리가 맺어야 할 좋은 열매는 구체적으로 무엇이라 생각하는가? (참고; 갈라디아서 5:22~23)

④ 당신으로부터 산출되는 열매는 어떤 것들인가? 갈라디아서 5장 19~23절에 나타난 '육체의 열매'와 '성령의 열매'를 거울 삼아 당신 자신의 인격과 삶을 비교하라.

## 결론 conclusion — 인생을 인도하시는 분은 하나님이시다.

우리가 어떤 것을 계획한다 할지라도 그것을 이루고 축복하는 분은 하나님이시다. 그리스도인의 인생 경영이란 하나님의 주권에 기초한 우리의 선택과 노력에 대한 책임을 의미한다. 그리고 인생 경영의 참 핵심은 하나님을 마음과 힘과 뜻을 다해 사랑하는 것이다. 우리가 하나님을 사랑할 때 우리에게 필요한 모든 지식과 지혜와 능력과 사랑을 주신다.

■ 느헤미야 4장 7~9절, 15~23절을 읽고, 다음 물음에 답하라.

① 느헤미야가 가진 예루살렘 성 재건 프로젝트는 어디서 온 것인가? (참고; 느 2:1~6)

② 느헤미야가 이 프로젝트를 수행할 때, 어떤 문제에 봉착하게 되었는가? (4:7~8)

③ 느헤미야는 이 직면한 문제 앞에서 어떻게 했으며, 왜 그렇게 했는가? (4:9)

④ 이 일에 하나님이 어떻게 개입하셨으며, 이에 대해 어떻게 생각하는가? (4:15)

⑤ "하나님이 우리를 위하여 싸우시리라"(20절)는 확신을 가지고 있으면서도, 느헤미야와 이스라엘 백성들은 어떻게 했는가? (16~23절) 이를 통해 우리가 배워야 할 것은 무엇인가?

## chapter 11 | 묵상과 반성을 위한 질문

- 오늘 공부를 통해 새로이 깨닫거나 도전받은 부분에 대해 말하라.

- 하나님의 주권을 믿는 우리가 왜 인생 경영에 힘써야 하며, 그리스도인의 인생 경영이란 무엇인가?

- "대다수의 사람들이 자기 역량의 10%도 쓰지 못하고 생을 마감한다"고 한 로버트 쿠퍼의 말을 어떻게 생각하는가? 당신은 하나님이 주신 역량과 가능성의 몇 퍼센트나 사용하고 있다고 생각하며, 왜 그렇게 생각하는가?

- 사람이 가진 인생의 꿈은 나이가 들면서 종종 바뀌게 된다. 당신의 꿈은 인생길에서 어떤 변화가 있었는가?

- 경영학의 12가지 주제에 비추어 당신의 인생 경영이 잘되고 있는 것과 그렇지 못한 것이 무엇이며, 왜 그렇게 생각하는지를 말하라.

The Sovereignty of God
&
Human Responsibility

아프리카 우간다의 외딴 농촌에서 사역하던 선교사 스미스 부인의 이야기가 있다. 한번은 심한 병에 시달리고 있었는데, 선교본부로부터 돈이 송금되지 않았다. 그녀는 음식이나 약을 구할 길이 없었다. 돈은 한 달 늦게야 도착되었다. 그것이 그는 매우 원망스러웠다.

그 이듬해 스미스 선교사는 안식년을 맞아 미국의 고향집으로 돌아왔다. 건강 진단을 받을 때, 1년 전 몹시 앓았던 몸의 증세를 자세히 설명했다. 모든 이야기를 다 들은 의사가 웃으며 말했다. "선교사님의 병이 무엇인지 알겠습니다. 그 병은 오트밀 정도로 부드러운 음식을 조금씩 취해야 하고, 거의 한 달쯤은 굶을 정도로 음식 조절을 해야 하는 병입니다. 그런데 송금이 꼭 한 달 늦었다니, 그것이 선교사님의 생명을 구한 것입니다."

스미스 선교사는 비로소 하나님의 오묘한 은혜의 섭리를 깨닫게 되었다. 그녀는 그 당시 조급하게 원망했던 자기 본위의 얄팍한 믿음을 하나님 앞에서 깊이 회개했다 한다. 그래서 성경은 다음과 같이 가르친다. "범사에 감사하라. 이는 그리스도 예수 안에서 너희를 향하신 하나님의 뜻이니라"(살전 5:18). 하나님께서 범사를 다스리고 계시기 때문이다.

chapter **12**

# 절대주권을 따르는 인간의 책임

The Sovereignty of God
& Human Responsibility

"이는 만물이 주에게서 나오고 주로 말미암고 주에게로 돌아감이라
영광이 그에게 세세에 있을지어다 아멘."
로마서 11:36

"내가 주의 영을 떠나 어디로 갈 수 있겠습니까? 내가 주가 계신 곳을 떠나
어디로 도망갈 수 있겠습니까? 만일 내가 하늘 위로 올라간다 해도, 주는 거기 계십니다.
내가 깊은 곳에 눕는다 해도, 주는 거기 계십니다. 만일 내가 새벽의 날개 위에 오른다 해도,
내가 바다의 저 끝쪽에 자리를 잡는다 해도, 주의 손이 거기서 나를 인도하실 것이요,
주의 오른손이 나를 굳게 잡으실 것입니다."
시편 139:7~10

"하나님의 절대주권이란 모든 현상(現想)의 배후(背後)에 하나님이 계심을 보며,
또한 모든 일어나는 일에 하나님이 그의 뜻을 이루고 있음을 잘 나타낸 것이다. 하나님의 주권이란
하나님께서 언제나 어디서나 무엇이든지 다 통치하며 관할하고 계심을 뜻한다. 그러므로
하나님의 주권사색이란 언제나 어디서나 무엇에서나 하나님의 통치를 보고 있는 사색이다."
칼뱅신학교 교수 헨리 미터, Henry Meeter

## 서 론
introduction

하나님은 모든 만물의 중심에 계신다. 만물 위에 뛰어나신 절대주권, 그것은 그의 독점적 권한이다. 하나님은 우주의 절대적인 최고 통치자이시며 작정, 창조, 섭리, 구속에서 주권적이시다. 하나님은 전능하신 창조자이시며 만물의 보존자이다. 피조물인 우주는 절대적으로 그 창조자에게 의존된다. 이것은 인간 자신의 탐구에서 나온 것이 아니다. 오직 성경의 계시(啓示)에 의한 것이다. (참고: 신 4:35, 왕하 19:15, 시 24:1, 33:11, 139:7~10, 사 4:27, 14:24, 45:7, 54:5, 욥 42:22, 단 4:35, 잠 16:4, 21:30, 롬 9:15~18 등.)

하나님의 절대주권이란 하나님께서 누구에게도 무엇에게도 아무 제한이나 방해를 받지 아니하시고, 자유로운 뜻대로 모든 것을 하실 수 있는 권한과 능력을 가지고 계시다는 것이다. 하나님은 누구의 눈치 보시느라고, 누구의 비위를 맞추시느라고 무슨 일하시는 것을 주저하거나 중지하지 아니하신다. 절대적인 자유와 주체 의지를 가지고 아무 거리낌 없이 모든 일을 하신다. (참고: 대상 5:2, 11:2, 17:7, 29:11~12, 29:22, 시 11:13, 89:6, 9, 사 14:24, 16:8, 단 4:34~35, 롬 9:20, 삼하 5:2, 왕상 1:35, 14:7, 왕하 20:5, 잠 6:7, 14:28, 29:26, 합 1:14, 민 24:19, 전 10:5.)

Note

Note

신학자 찰스 하지(Charles Hodge, 1797~1878) 박사는 하나님의 주권과 관련하여 다음과 같이 말했다: "하나님께서 지배하시기에 너무 크다든가 또 인식하시기에 너무 작다든가 하는 것은 세상에 아무 것도 없다. 하나님께서는 풀잎 하나하나에 계시고, 북두성의 행정(行程)을 인도하시고, 별들의 대군을 통수하시며, 해와 달의 진행을 주장하신다. 모든 사람의 영혼에 내재하셔서 생각하게 하시고 행동하게 하신다. 한 장소에 계신 것과 같이 모든 곳에 계시며 한 일에 유의하시는 것과 같이 만사에 유의하신다."

성경은 하나님의 주권적 의지가 만행만사의 최초(제일) 원인으로 가르친다. 창조와 보존(시 135:6, 렘 4:11, 18:6), 통치(잠 21:1, 단 4:35), 인간 구원(롬 9:15~16, 엡 1:11), 그리스도의 고난(눅 22:42, 행 2:23), 중생(약 1:18), 성화(빌 2:13), 믿는 자의 고난(벧전 1:3, 17), 사람의 생명과 운명(행 18:21, 롬 15:32, 약 4:15), 심지어 가장 미미한 생물(마 10:29)에 이르기까지 하나님의 주권 아래 있지 않는 것은 없다.

> **교훈의 핵심** 하나님은 언제나 어디서나 무엇이든지 다 통치하며 관할하고 계신다. 이러한 하나님의 주권으로부터 제외될 수 있는 것은 이 세상에 아무것도 없다. 주권자 하나님은 인간을 청지기로 사용하신다. 따라서 인간은 다음과 같은 다섯 가지 책임을 수행해야 한다.
> 문화 건설, 기도, 선교, 선행, 성화

## 1. 창조와 인간 구원 이외에 하나님의 주권과 섭리가 미치는 영역

1. 생활의 각종 영역(The Various kinds of range of life): 하나님의 절대주권은 창조와 인간 구원만이 아니라, 생활의 각종 영역에도 골고루 미친다. 천문학, 지질학, 물리화학, 해양학, 식물학, 조류학, 수산학, 동물학, 인류학, 인간학, 심리학, 의학, 정치, 사회, 문화, 경제, 법률, 윤리, 철학 등. (참고; 단 4:35, 렘 32:17, 마 28:18, 엡 1:11, 22, 사 14:24~27,

46:9~11, 55:11, 창 18:14, 욥 42:2, 시 115:3, 롬 9:20~21.)

2. 자연계(the natural world)/물질계(the material world): 세상에서 아무리 미소(微少)하거나 기이한 것이라도 그의 명령이나 계획을 떠나서는 발생되지 않는다. 하나님이 자연만물의 현상과 움직임을 다스리고 주장하며 이끌어 가신다. (참고; 요 1:3~4, 출 9:26, 마 5:45, 창 41:29~32, 암 3:5~6, 4:7, 행 14:17, 사 40:12, 47:7~9, 54:16, 애 3:33, 전 7:12~14, 시 104:14)

3. 동물계(the animal kingdom): 각종 동물들에 나타난 하나님의 주권도 여전히 신비할 뿐이다. 어떤 동물은 맹수이고 어떤 동물은 유순하다. 소(牛)는 일하고 자기의 몸도 주고, 복어는 독이 든 알을 갖고, 고래는 새끼를 낳는다. 가장 멀리 나는 도요새는 점보 비행기처럼 웅장하고, 어떤 열대어는 내장이 훤히 들여다보인다. 미생물이 있고, 파충류가 있고, 포유류가 있으며, 토끼와 거북이가 있어 재미있다. 인간은 여성이 아름다운데 동물은 오히려 수컷이 아름다우니 신기하다. (참고; 창 1:25, 31:8~9, 욥 39:1~2, 마 6:2, 10:29, 단 6:22, 시 104:21~28)

4. 민족의 생활 역사(The racial living history): 인류 역사의 과거 현재 미래도 하나님이 주권으로 다스리신다. (참고; 계 1~3, 17:17, 단 2:21, 4:17, 사 40:15, 대상 16:31, 시 33:10, 47:7, 수 21:44, 삿 6:1, 암 3:6, 합 1:6)

5. 개인의 전 생활(An Individual's whole life): 인간의 출생과 운명 속에도 하나님의 주권이 작용하고 있다(시 139:13~15). 성공, 실패가 하나님께 있으며(시 75:6~7, 눅 1:52), 구원 역사도 하나님의 주권에 있다(롬 9:20~23). (참고; 잠 21:1, 16:9, 시 37:23, 롬 11:36, 약 4:15, 고전 4:7, 시 34:7,

단 3:17, 사 64:8, 스 8:31, 느 4:15, 행 18:9, 출 11:7)

## 2. 하나님의 주권과 인간의 책임이라는 현저한 역설

인간은 청지기다. 즉 주인이신 하나님으로부터 관리를 위임 받은 매니저다. 청지기로서의 인간은 다음과 같은 여섯 가지의 성격을 가진다.

① 청지기 임무는 보편적이다. 모든 인간은 생활 형편이 어떠하든지 이 임무를 수행하도록 부름 받는다.

② 청지기 임무는 맥락적이다. 그것은 동물을 잘못 다루어서는 안 된다든가, 경작지를 훼손해서는 안 된다는 보다 특별한 의무를 일으킨다.

③ 우리는 만유의 소유주가 아니라 그것을 사용하고 보호하라고 위탁받은 보관자다. 즉 창조주 하나님으로부터 지배권을 위임받은 자다.

④ 자연을 사용하고 취급하는 것은 하나님과 이웃과 자연을 섬기는 것이어야 한다. 청지기는 종이다.

⑤ 인간이 지배권을 위탁받았다는 것은, 청지기란 종일 뿐만 아니라 관리자임을 말해준다.

⑥ 청지기로서 우리는 자연의 적절한 사용에 관하여 결정의 자유를 갖고 그 책임을 진다. 이는 아담의 동물들에 대한 이름 짓기에서 볼 수 있었다. 그래서 인간은 다음과 같은 다섯 가지의 책임을 가지고 청지기로서의 사명을 감당해야 한다.

1. 문화(과학) 건설의 책임(The responsibility of civilization or science construction): 창세기 1장을 보면 하나님께서 인간을 창조하시고 부탁하신 것은 만물을 정복하라는 것이었다(창 1:26, 5:1, 9:6, 고전 11:7). 만물을 다스리는 것은 만물을 연구함과 그 연구 지식으로 문화를 건설함이라고도 할 수 있다. 하나님은 인간에게 땅을 다스릴 특권과 책임을 부여했다. 이 문화 명령은 하나님께서 인간에게 맡겨주신

땅을 잘 보호하고 보존해야 할 사명을 주신 것을 의미한다.

창세기 2장 19절에 보면, 아담은 모든 짐승들의 이름을 지었다고 한다. 그것은 아담이 하나님 앞에서 받은 바 사명대로 만물을 다스리라는 일 가운데 하나이다. 즉 그것은 만물을 연구하여 그 내용대로 정의(定義)하는 과학 행위이다. 과학 행위는 문화 건설에 있어서 중요한 일이니 이것은 하나님께서 인간에게 주신 사명 가운데 하나이다. 그러나 신자들 중에서 과학을 무시하는 폐단이 많이 있다. 기독교는 과학을 초월하나 무시하지는 않고 도리어 과학 행위에 있어서 누구보다 더 선봉적(先鋒的)인 걸음을 취해야 할 것이다.

① 창세기 4장 20~22절의 내용을 보면 가인의 자손들이 그 당시 문화를 발달시킨 사실이 기록되어 있다. 이것이 죄악의 행동인가, 아니면 하나님께서 저들에게 주신 이 세상 분깃(몫)인가? 만약 죄악 된 행동이 아니라면, 이 사실은 우리에게 무엇을 가르쳐 주나?

② 리처드 니버(Richard Niebuhr)의 문화(文化, Culture)에 대한 정의: "문화란 그리스나 로마, 고대나 중세, 그리고 동양이나 서양의 문명 또는 문화처럼 어떤 특수한 인간 사회 조직의 일면에 국한된 좁은 의미를 말하기보다는 삶의 전 영역에서 펼쳐지는 인간 활동의 전 과정과 그 활동의 전적인 결과들을 지칭한다."

2. 기도의 책임(The responsibility of pray): 인간은 자기 행동에 책임져야 하는 존재이다. 그러므로 하나님의 도움을 위해 기도해야 한다. 성경은 우리에게 기도는 특권인 동시에 의무임을 잘 보여준다. 기도란 우리의 가장 깊은 필요와 희망을 하나님께 알릴 수 있다는 점에서는 특권이다. 그러나 동시에 하나님께 용납되는 방식으로 기도해야 하기에 기도는 우리의 의무이기도 하다. 그래서 욥은 "내 손에는 포학이 없고 나의 기도는 정결하다"(16:17)고 고백한 것이다. 그러므로 우리

Note

의 특권인 기도를 하나님께 드릴 때, 과연 우리의 기도가 정결한지에 대해 심각한 질문을 던져야 한다.

① 청교도 목사 존 프레벨(John Flavel)은 다음과 같이 말했다. 당신은 이 말에 전적으로 동감하는가? 이에 대한 당신의 느낌이나 생각을 말하라.

"하나님이 절대주권자이므로 우리는 기도해야 한다. 하나님의 절대주권이 우리의 기도에 대한 책임을 약화시키지 아니하고, 도리어 확신을 가지고 기도할 수 있도록 이끌어 준다." (Mystery of Providence, 섭리의 신비, p. 369.)

② 청교도 신학자 토마스 라이(Thomas Lye)는 "신적 섭리에 대한 믿음 위에서 어떻게 살아야 하는가?"(How are We to Live by Faith on Divine Providence?)라는 유명한 설교에서 기도에 대해 다음과 같이 강조했다. 이 말에 대한 당신의 생각은 어떠한가?

"믿음이 없는 기도는 허공을 치는 것과 같고, 기도가 없는 믿음은 포장된 허세에 불과하다. 우리에게 주시겠다고 약속하신 하나님은 우리가 그의 약속을 신뢰하기 원하신다. 그러기에 기도하기를 명하셨고, 그의 명령에 순종하기를 기대하신다. 하나님은 주실 것이지만, 기도 없이는 주시지 않는다."

③ 사도행전 4장 24절과 4장 27~30절을 읽으라.
그들은 하나님이 어떤 분이라고 믿었는가?(24절)
헤롯과 본디오 빌라도가 이 성에 모인 이유가 무엇이라 했는가?(27~28절)
그들은 하나님께 무엇을 해달라고 기도했는가?(29~30절)
그들이 하나님의 절대주권을 고백하면서도 기도했던 사실을 통해 무엇을 배우게 되었는가?

3. 선교(宣敎)의 책임(The responsibility of missionary works): 선교는 전적으로 하나님의 일이지만(Missio Dei), 동시에 인간을 통해서 행하시는 하나님의 일이다. 달리 말하면, 선교는 전적으로 하나님의 주권에 속한 일이면서 또한 전적으로 인간의 책임이 요구되는 신비한 일이다. 종종 예정론(predestination)이 전도의 장애로 떠오르는 때가 있다. 그러나 예정론은 우연성이 아닌 하나님의 섭리이다. 이 세상 모든 사건에 하나님의 섭리가 있고, 또 이 모든 것들이 하나님의 선을 이루어 간다. 하나님이 인간 구원을 위해 선행하시는 예정은 바로 예수 그리스도의 십자가 안에서 많은 사람들이 영원한 생명의 선택으로 나아오게 하는 것이다. 즉 하나님 예정과 선택의 목적은 바로 "그리스도 안에서 우리를 택하사" 사랑 안에서, 하나님 앞에 거룩하고 흠이 없게 하시고, 또 그리스도 예수님 안에서 우리를 자녀 삼기 위한 것이다. 그러므로 그리스도인의 삶이 전도의 도구로 귀하게 쓰여질 때, 하나님의 예정이 성령의 인도하심을 따라 결실하는 것이다. 우리는 잃어버린 복음전도의 열정을 회복하고 전도를 통한 교회의 부흥을 회복해야 한다. 결론적으로 예정론은 복음의 총화로서 우리에게 복음전도의 시대적 사명을 적극적으로 제시해 준다.

■ 다음 글을 읽으라. 하나님의 주권과 전도의 책임에 대한 당신의 생각은 어떠하며, 왜 그러한가? 당신은 전도에 대한 책임을 어떻게 이행하고 있는가?

"구두 수선공이 위대한 비전의 선교사로 … 이것은 현대 개신교 선교의 아버지라 불리는 윌리엄 캐리(William Carey, 1761~1834)를 일컫는 말이다. 일찍부터 이방선교에 눈을 뜬 그는 이런 기록을 남겼다. "아무도 그들에게 기독교를 전해 주려고 하지 않습니다. 거기에는 명예도, 유익도 뒤따르지 않기 때문이지

Note

요." 그는 수시로 세계 지도에 이미 알려진 나라의 인구, 종교 등을 표시하며 선교 지도를 만들어 가기 시작했다. 이 지도는 그의 기도 목록이었다. 그는 세계 지도를 꼭 껴안고 세계를 품고 기도하는 기도의 종이 되었다. 18세기 영국교회는 칼뱅주의의 영향으로 선교 운동에 눈을 돌리지 않았으며, 선교는 예수님이 사도들에게만 주신 특별한 사명으로 국한시켰다. 세계 선교에 눈을 뜨게 된 캐리는 교회 안의 무감각한 그리스도인들을 일깨워야겠다고 방향을 잡았다. 어느 날 목사들의 모임에서 캐리는 해외 선교에 대한 그의 원대한 계획에 대해 열변을 토했다. 그러자 한 원로 목사가 일어나 그에게 말했다. "이보게 젊은이, 그만 열 내고 자리에 앉게나. 만약 하나님께서 이방인들을 개종시키려고 한다면, 자네나 우리 도움 없이도 얼마든지 하실 수 있을 걸세." 이것은 그의 선교 열정에 찬물을 끼얹는 말이었다. 그러나 캐리는 예수님의 유언적 전도 명령이 곧 우리 자신에게 주시는 말씀인 것을 믿었다. 이 믿음으로 1792년 봄 《이교도 개종에 대한 그리스도인의 의무에 관한 연구》라는 책자를 썼다. 그는 이 책을 통해 세계 선교는 그리스도인이 반드시 해야 할 의무임을 역설했다. 이 책은 루터의 95조항과 함께 베스트셀러가 되었으며, 세계 선교 열풍을 전 유럽으로 확산되게 하는 결정적인 역할을 했다. 그는 늘 다음과 같이 말했다. "하나님으로부터 위대한 일을 기대하라, 하나님을 위해 위대한 일을 시도하라!"

4. 선행(善行)의 책임(The responsibility of good deeds): 모든 인간은 하나님의 이미지(image)를 따라 창조되었기 때문에, 이웃을 존귀한 존재로 다루어야 하고 서로 관심을 기울여야 한다. 그리스도인과 교회의 사명이란 세상에 빛과 소금이 되는 것이다. 성경은 하나님의 예정과 선택은 궁극적으로 선행을 통해 "그의 은혜의 영광을 찬송하게 하려는 것이라"(엡 1:6)고 했다. 그리스도인은 삶의 국면(局面)에서 하나님의 말씀에 적극 순종해야 한다.

① 마태복음 5장 13~16절을 읽으라. 16절에서 예수님은 빛을 무엇으로 설명하셨는가?

② 바울은 빛의 열매가 구체적으로 무엇이라 했는가?(엡 5:8~9)

③ 갈라디아서 6:9~10절을 읽으라. 왜 우리는 선을 행하되 낙심하지 않아야 하는가? 우리는 누구에게 선을 행해야 하는가?

5. 성화(聖化)의 책임(The responsibility of sanctification): 만일 성화를 오직 하나님의 주권설에만 근거를 둔다면, 인간의 책임은 불필요하지 않는가 하는 상충된 견해가 제기될 수 있다. 만일 성화가 성령의 단독 사역이라면 우리는 어떻게 이 사역을 이해해야 할까? 만일 성화의 시작과 성장이 오직 성령의 사역에만 의존된다면, 우리의 역할과 책임은 불필요하게 될 것이다. 반대로, 만일 혹자가 죄 죽임(또는 성화)은 인간 고유의 의무이자 책임이라고 주장한다면, 여기에 성령의 사역을 위한 공간이 제외될 것이다. 성화는 죄 죽임의 과정으로서, 성령의 은혜와 인간의 의무가 서로 상반되지 않으면서 조화롭게 점진적으로 이루어가는 과정이다. 즉 우리는 말씀에 대한 순종의 훈련을 통해 씨를 심고, 성령께서는 열매를 맺게 하신다. 그리스도인은 "성령에 의해 창조된 습관들"(Spirit-created habits)이라는 수단을 통해서 성화의 사역, 즉 죄 죽임을 진행시켜 갈 수 있다.

① 사도 바울은 디모데전서 4장 7~8절에서 다음과 같이 말했다: "망령되고 허탄한 신화를 버리고 오직 경건에 이르기를 연습하라. 육체의 연습은 약간의 유익이 있으나 경건은 범사에 유익하니 금생과 내생에 약속이 있느니라"(개역한글). 이 구절에 대한 내 생각은 다음과 같다. 당신의 생각은 어떠한가?

"경건에 대한 사도 바울의 견해는 너무나도 명쾌하다. 그에 의하면 경건은 연습의 결과일 뿐, 연습하지 않으면 경건은 없다. 경건에 도달하기를 소원하는 사람은 반드시 연습해야 한다. 그는 "경건하라" 하지 않고, "경건에 이르기를 연습하라"고 하여 연습에 더 강조점을 두었다. 경건은 연습, 곧 훈련의 결과다."

② 세계적인 영성 신학자 리처드 포스터(Richard Foster)는 그의 베스트셀러 《Celebration of Discipline(훈련의 축제)》에서 다음과 같이 말했다. 이에 대한 당신의 느낌과 생각을 말하라.

"영적 훈련은 성령을 위하여 씨를 뿌리는 일과 같다. 그 훈련은 우리를 땅 속에 심는 하나님의 방법이다. 그 훈련은 하나님께서 우리 속에서 일하실 수 있고 우리를 변화시킬 수 있는 곳에 우리를 심는다. 영적 훈련은 하나님의 은혜의 통로이다. 우리가 추구하는 내적 의는 우리의 머리 위에 부어지는 것이 아니다. 하나님께서 영적 삶의 훈련을 통로로 정하셨는데, 우리는 그 통로로 말미암아 하나님께서 우리를 축복하실 수 있는 곳에 놓이게 된다."(p. 8.)

## 결론 — 하나님은 언제나 어디서나 무엇이든지 다 통치하며 관할하고 계신다.

이 세상에 하나님의 주권으로부터 제외될 수 있는 것은 아무것도 없다. 주권자 하나님이 청지기로 쓰는 인간은 문화 건설, 기도, 선교, 선행, 그리고 성화 등 다섯 가지의 책임을 수행해야 한다.

① 예수님은 우리에게 사랑의 대계명(The Great Commandment)과 전도의 대사명(The Great Commission)을 주셨다. 다음 성구들을 찾아 읽고, 암송하라. 그리고 둘이 서로 어떻게 연결되는가를 말하라.
- 대계명(요 13:34)
- 대사명(마 28:19~20)

② 다음은 미국의 시인 엘라 윌칵스(Ella Wheeler Wilcox, 1850~1919)가 쓴 〈인생 항해〉라는 작품이다. 이 시를 읽은 당신의 느낌이나 생각은 어떠한가? 당신의 삶 속에 성화를 위한 은혜의 습관들이 어떻게 형성되어 가고 있는가?

같은 바람에도
돛이 바라보는 방향을 따라
한 척의 배는 동쪽을 향하고
또 한 척의 배는 서쪽으로 향한다
행로를 결정하는 것은
바람이 아니다
운명 또한 바닷바람 같아라
평온한 운명이거나 소란한 운명이거나
영혼이 바라보는 방향을 따라
인생의 항해가 나뉘누나

## chapter 12 | 묵상과 반성을 위한 질문

- 청지기로서 인간이 가지는 여섯 가지 성격은 무엇인가? 당신은 청지기로서의 자신에게 어떤 평가를 내릴 수 있으며, 왜 그러한가?

- 리처드 니버의 '문화에 대한 정의'를 다시 읽으라. 그리스도인은 각자 속한 삶의 영역에서 기독교 문화건설자로서의 사명을 감당해야 한다. 이 일을 위해 당신은 무엇을 기여하고 있는가? 보다 효율적이며 훌륭한 문화건설자가 되기 위해서는 어떻게 해야 할까?

- 당신의 삶 속에 성령에 의해 창조된 은혜의 습관들이 있다면 무엇인가? 보다 성숙하고 건강한 영성을 이루기 위해 당신에게 꼭 필요한 습관들은 무엇이라고 생각하는가?

- 당신이 어렵고 힘들 때, 함께 기도할 친구가 있는가? 삶의 문제를 의논하고 지도받을 수 있는 멘토가 있는가? 혹시 없다면, 왜 그러하다고 생각하는가?

- 미국의 신학자 존 킬링어(John Killinger)는 기도의 초점을 다음과 같이 잘 요약해 주었다. 이 말에 대한 당신의 느낌이나 생각은 어떠한가? 당신의 기도 생활은 주님과의 사귐에 있어서 어떤 모습을 가지는가?

"기도는 하나님과의 사귐이다. 그것은 모든 생명과 기쁨의 중심에 계시는 그분과 관계를 맺는 일이며, 항상 그 관계 안에서 살아가는 것을 배우는 일이다. 그것이 기도의 전부다. 그 이상도 그 이하도 아니다." (Beginning Prayer, 기도 시작하기.)

The Sovereignty of God
&
Human Responsibility

              칼뱅주의 세계 3대 신학자 가운데 하나인 아브라함 카이퍼(Abraham Kuyper, 1837~1920)는 19세기 중반 네덜란드를 지상의 낙원으로 만들고자 애썼던 사람이다. 그 당시 유럽은 대학살을 몰고 온 프랑스 대혁명과 나폴레옹 전쟁의 거대한 소용돌이가 막 지나가고 있었다. 그 어지러운 시기에 두 개의 사상이 등장했으니, 하나는 칼 마르크스의 사회주의와 낭만주의 시대의 유산인 자유주의 신학이었다. 유럽의 주요 대학들은 인간이 스스로 진리를 찾을 수 있고 하나님 없이도 문제를 해결할 수 있다고 믿는 합리주의와 인본주의에 빠져 들어갔다. 유럽이 전쟁과 사상의 소용돌이 속에 허우적거릴 때, 네덜란드 역시 이 소용돌이에서 자유스러울 수가 없었다. 아브라함 카이퍼 목사는 국회의원이 되었으며, 후에 네덜란드의 총리가 되었다. 그가 국회의원에 당선이 된 1년 후인 1875년 완전히 탈진 상태가 되어 건강을 회복하기 위해 스위스로 건너가 2년간 요양을 했다. 그곳에서 중세의 종교와 사회 및 국가와 전 유럽의 나라들을 개혁한 장 칼뱅의 사상을 연구하면서 처음으로 하나님의 주권사상을 접하게 되었다. 하나님은 종교의 범주에 갇혀 주일에만 활동하시는 분이 아니라는 사실을 깨달았다. 삶의 모든 영역에서 하나님이 되신다는 것을 알게 되었다. 정치, 경제, 문화, 예술, 종교, 국가, 세계… 모든 영역을 다스리는 통치자이심을 깨닫게 되었다. 그는 네덜란드로 돌아와 목사로서, 일간지와 주간지의 편집장으로서, 그리고 정치인으로서 하나님의 주권에 대해 끊임없이 글을 쓰고 강연을 했다. 하나님의 주권에 대해 깨달은 25년 뒤, 즉 1901년 네덜란드 여왕은 카이퍼에게 수상 직을 맡아 달라고 요청했다. 수상 직을 수락한 카이퍼는 네덜란드 사회의 영역을 다섯 개로 나누었다: "개인, 가정, 교회, 정부, 사회."
① 개인 영역 – 개인은 하나님께 책임을 진다. ② 가정 영역 – 부모는 자녀의 교육과 훈련에 일차적인 책임이 있다. ③ 교회 영역 – 교회의 업무와 치리를 감독하고 지도한다. ④ 정부 영역 – 타락한 인간의 영향력을 제한하기 위해 '칼'을 차도록 하나님이 명령하신다. 즉 국가 질서와 안정을 위해 엄격하게 공권력을 집행한다. ⑤ 사회 영역 – 동아리, 사업, 모임, 조직 등 자발적으로 생겨난 단체를 말한다. 카이퍼는 이 다섯 영역에 하나님의 주권이 임하도록 정치해 나갔다. 서로가 상대 영역을 침범하지 않도록 하고 협력하면서, 각 영역에 하나님의 주권과 통치가 임하기를 힘썼다. 모든 영역의 핵심가치는 '하나님의 영광' '하나님의 나라'다. 개인도, 가정도, 교회도, 정부도, 그리고 사회 모든 영역이 존재하는 목적도 '하나님의 영광을 위하여' '하나님의 나라.' 그 결과 19세기 중반 유럽의 정치적, 사상적 소용돌이 속에서도 네덜란드는 가장 평안하고 정의로운 모범국가로 바뀌었다.

"항상 기뻐하라 쉬지 말고 기도하라
범사에 감사하라 이는 그리스도 예수 안에서
너희를 향하신 하나님의 뜻이니라."

데살로니가전서 5:16~18

## 믿음의 거장 시리즈

### 기독교 역사를 바꾼 영적 거장의 생애를 읽는다

설교, 목회, 신학, 기도, 선교, 영성 각 분야에서 하나님께 쓰임받은 신앙 위인들의 삶을 차례로 조명해본다. 생애에 드러난 감동적인 이야기와 구속사적 역사관에 근거한 내용 전개로 독자들에게 영적 도전을 줄 것이다.

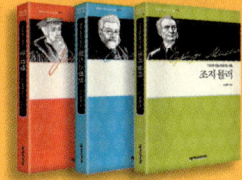

**01 장 칼뱅** 송삼용 지음 | 4×6판 변형 양장 | 160쪽 | 7,000원
세상과 타협하지 않은 개혁자이자 성도의 영혼을 돌보는 목회자로, 경건함의 본이 된 사람

**02 찰스 스펄전** 송삼용 지음 | 4×6판 변형 양장 | 160쪽 | 7,000원
천부적 재능을 소유한 설교자로, 영국을 복음으로 일으키고 세기적 부흥을 주도한 목회자

**03 조지 뮬러** 송삼용 지음 | 4×6판 변형 양장 | 164쪽 | 7,000원
수많은 고아의 아버지이자, 하나님을 위해 자신의 모든 것을 철저하게 포기한 기도의 사람

**04 조지 휘트필드** 송삼용 지음 | 4×6판 변형 양장 | 164쪽 | 7,000원
들풀처럼 강인한 최초 야외 설교자로, 모든 교파를 초월하여 한 시대를 움직인 강한 목회자

**05 데이비드 브레이너드** 송삼용 지음 | 4×6판 변형 양장 | 160쪽 | 7,000원
인디언을 위해 일생을 바친 설교자로, 뼈가 부서지는 순간까지 은혜의 씨앗을 뿌린 목회자

**06 조나단 에드워즈** 송삼용 지음 | 4×6판 변형 양장 | 160쪽 내외 | 7,000원
한평생 하나님의 능력에 사로잡혀 신학을 집대성한 미국 최고의 신학자이자 대부흥사

**07 로버트 맥체인** 송삼용 지음 | 4×6판 변형 양장 | 160쪽 내외 | 7,000원
그리스도를 본받아 온전히 순종하는 삶과 경건한 삶의 본을 보여준, 영혼을 울린 설교자

**08 존 오웬** 송삼용 지음 | 4×6판 변형 양장 | 160쪽 내외 | 7,000원
천부적인 지성과 탁월한 영성을 바탕으로 가장 방대한 저서를 완성한 청교도 신학자

**09 윌리엄 캐리** 송삼용 지음 | 4×6판 변형 양장 | 160쪽 내외 | 7,000원
인도에서 활동한 영국 침례교 선교사로, 성경 번역에 앞장선 개신교 현대 선교의 아버지

**10 허드슨 테일러** 송삼용 지음 | 4×6판 변형 양장 | 160쪽 내외 | 7,000원
중국을 품은 선교사로, 오직 중국 선교를 위해 치열하게 헌신하면서 복음을 전한 사람

**11 김선주** 김학중 지음 | 4×6판 변형 양장 | 160쪽 내외 | 7,000원
독립 운동가이자 교육가로, 한국 교회의 기초를 다지고 부흥의 바람을 일으킨 주역

**12 주기철** 김학중 지음 | 4×6판 변형 양장 | 160쪽 내외 | 7,000원
흔들리지 않는 굳건하고 담대한 믿음으로, 목숨 걸고 하나님의 명령을 지킨 순교자

**13 손양원** 김학중 지음 | 4×6판 변형 양장 | 160쪽 내외 | 7,000원
원수를 양자로 삼아 예수님의 사랑을 실천하고, 나환자들의 영혼을 돌본 믿음의 사람

**14 장기려** 김학중 지음 | 4×6판 변형 양장 | 160쪽 내외 | 7,000원
약하고 불쌍한 이들을 위해 한평생을 바쳐 봉사하며 버팀목이 되어준 한국의 슈바이처

**15 조만식** 김학중 지음 | 4×6판 변형 양장 | 160쪽 내외 | 7,000원
민족의 십자가를 지고 독립운동과 민족 통일 운동에 힘쓴 기독교계의 중진, 한국의 간디

**16 드와이트 무디** 김학중 지음 | 4×6판 변형 양장 | 160쪽 내외 | 7,000원
미국 침례교의 평신도 설교자로, 어린이와 청년, 군인에게까지 사랑받은 감성적인 사람

**17 어거스틴** 김학중 지음 | 4×6판 변형 양장 | 160쪽 내외 | 7,000원
고대 신플라톤주의 철학과 기독교를 결합하여 중세 사상계에 영향을 준 교부 철학의 성자

**18 마르틴 루터** 김학중 지음 | 4×6판 변형 양장 | 160쪽 내외 | 7,000원
부패한 로마 가톨릭 교회에 대항해 은혜를 통한 구원과 성서의 권위를 강조한 종교 개혁자

**19 존 웨슬리** 김학중 지음 | 4×6판 변형 양장 | 160쪽 내외 | 7,000원
위대한 전도자이자 신학자로, 복음 전파에 초인적으로 헌신하고 복음 해석에 기여한 사람

**20 데이비드 리빙스턴** 김학중 지음 | 4×6판 변형 양장 | 160쪽 내외 | 7,000원
아프리카를 개척한 선교사로, 아프리카 오지 깊숙한 곳에서 그들을 위해 헌신한 사람

---

## 하나님의 말씀으로 당신의 삶을 훈련하라
## 지금, 십자가를 향해 달려오라!

**철저히 훈련된 한 사람이 세상을 변화시킨다**

선한목자교회 유기성 목사가 전하는, 이 땅에서 '그리스도인'으로 살아가는 방법. 이 교재를 통해 십자가의 능력으로 다시 태어나는 제자훈련을 경험할 수 있다. 인도자용과 학생용 페이지를 똑같이 구성해 소그룹 성경공부를 하는 데 유용하다.

### 예수님의 사람 1·2
유기성 지음 | 학생용 (전 2권) 각 340쪽 내외 | 각 권 15,000원
인도자용 (전 2권) 각 340쪽 내외 | 각 권 17,000원

---

## 단 50일에 성경 66권을 완전통독한다!

단 50일에 성경 66권을 완전 통독하도록 안내하는 성경 읽기 길잡이. 신·구약의 핵심을 짚는 체계적 해설과 문제로 성경을 실제로 읽어나가도록 돕는다. 현장감 있는 100여 컷의 고고학 사진 자료와 성서지도, 성서연대표가 수록돼 있다.

**말씀 보는 눈이 확 달라지는 성경읽기 길잡이**

### 딱! 50일에 끝내는 성경통독
신현주 지음 | 412쪽 | 17,000원

---

## 100일 묵상 시리즈

### 하나님의 말씀을 날마다 즐거이 묵상하라

**매일 한 구절씩 읽는 하나님의 러브레터**

**날마다 하나님의 말씀 가운데 거하라**
세상의 모든 여성에게 지혜로운 삶의 방향을 제시해주는, 하나님의 귀한 딸들에게 가장 중요한 성경 100구절을 모았다.

*내 영혼을 일깨우는 성경 100구절*
### 여성을 위한 100일 묵상
토머스 넬슨 편집부 엮음 | 마영례 옮김 | 220쪽 | 10,000원

**한 구절의 성경말씀이 한 사람의 인생을 바꾼다**
일상에 지친 모든 아버지와 남편의 마음을 위로해주는, 하나님의 귀한 아들들에게 가장 중요한 성경 100구절을 모았다.

*내 영혼을 일깨우는 성경 100구절*
### 남성을 위한 100일 묵상
토머스 넬슨 편집부 엮음 | 마영례 옮김 | 220쪽 | 10,000원

**사랑하는 아이야, 하나님의 말씀에 귀 기울이렴**
세상의 모든 자녀와 자녀를 둔 부모가 함께 읽을 수 있는, 비전을 품고 자라는 자녀들에게 가장 중요한 성경 100구절을 모았다.

*내 영혼을 일깨우는 성경 100구절*
### 자녀를 위한 100일 묵상
토머스 넬슨 편집부 엮음 | 마영례 옮김 | 220쪽 | 10,000원

# 넥서스CROSS

### 4:8
토미 뉴베리 지음 | 정성묵 옮김 | 4×6판 양장 | 220쪽 | 11,000원

빌립보서 4장 8절로 삶을 디자인하라! 더 나은 건강과 성공, 행복한 결혼과 목적 충만한 삶. 아직도 더 나은 무언가를 생각만 하는가? 부정적인 렌즈에만 맞춰져 있는 당신의 지루한 일상을 빌립보서 4장 8절 말씀으로 디자인하라! 이 말씀으로 삶의 원칙을 세우고 생각하고 발견하면 당신의 삶은 기쁨으로 충만해질 것이다.

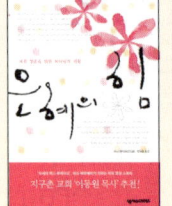

### 은혜의 힘
마크 애터베리 지음 | 정하철 옮김 | 신국판 변형 | 216쪽 | 10,000원

메마른 믿음과 지친 삶에는 하나님의 은혜가 필요하다. 신앙의 매너리즘에 빠진 크리스천들에게 필요한 것은 무엇인가? 그것은 끝없이 채워지는 하나님의 은혜이다. 하나님의 은혜는 그 깊도, 양도 한량없다. 이 책을 통해 메마른 믿음과 신앙을 끝없이 채워나가며, 하나님만이 채워주실 수 있는 은혜와 새로운 생명력을 경험하기 바란다.

### 부흥 리메이크
최이우 지음 | 국판 변형 양장 | 180쪽 | 11,000원

열정적인 부흥이 필요한 이 시대의 그리스도인을 위한 책이다. 현실과 유리된 채 영적인 차원에만 머물게 하는 설교들이 많은데, 저자의 설교는 신앙의 생활화, 영적 부흥의 생활화에 초점을 맞추고 있다. 이 책은 경건한 삶을 사모하는 성도와 세상의 빛과 소금으로 능력 있는 삶을 꿈꾸는 사람들에게 새 소망을 준다.

---

### 내가 처음 만난 성경 첫 번째 메시지
유진 피터슨 지음 | 롭 콜리·톰 밴크로프트 그림 | 조경연 옮김 | 김정일 감수 | 188×230 | 구약 188쪽, 신약 212쪽 | 각 권 12,000원(본책+영어 부록+영어 녹음 MP3 CD 포함)

영성 깊은 메시지로 널리 알려진 유진 피터슨의 《메시지》 성경 어린이판. 아름다운 그림과 함께 성경을 재미있게 읽고, 관련된 활동을 실천하면서 말씀을 생활에 적용할 수 있다.

---

### 넌! 크리스천
빈스 앤토누치 지음 | 마영례 옮김 | 신국판 변형 | 228쪽 | 9,800원

교회가 재미없고 지루하게 느껴지는가? 따분하고 무미건조한 종교에 실망하고, 성경을 하나의 역사로 생각했던 무신론자가 목사가 되어 전하는 생생한 영적 모험기! 교회는 재미없고 지루한 곳으로, 믿음은 형식적인 것으로만 생각하는가? 진정한 신앙인으로 거듭난다면 당신의 믿음은 한층 더 성숙할 것이다.

### 깡마른 토끼를 조심하라
존 트렌트 지음 | 이수정 옮김 | 신국판 변형 | 180쪽 | 9,800원

무엇이 당신을 지치게 하는가? 꿈과 목표, 신앙생활 등 삶의 다양한 면에서 허망함을 느끼지 않는가? 조심하라! 거기에는 '깡마른 토끼'가 있다. 이 책은 삶의 소중한 것에서 멀어지게 하는 장애물을 넘어 영적으로 충만해지는 방법, 감사와 만족의 문을 찾는 방법을 알려주며, 하나님이 의도하신 '그곳'에 닿도록 우리의 삶을 인도해줄 것이다.

### 하늘비전
최이우 지음 | 국판 변형 양장 | 180쪽 | 11,000원

각박한 세상에서 소망을 잃고 사는 그리스도인을 위한 책이다. 하루에 수십 명씩이나 자살하는 오늘날, 우리에게 필요한 것은 바로 '하늘의 비전'이다. 이 비전은 더욱 널리 전파되어야 한다. 이 책에는 모든 그리스도인이 하늘의 비전을 보고 선포하며, 신바람을 일으키며 살아가도록 만드는 소망이 담겨 있다.

---

### 곤충 친구들과 함께 떠나는 성경 속 모험의 세계
### 벅스 바이블 어드벤처 시리즈
CBSi 기획 | 마크 영·제프 홀더 원작 시나리오 | 마이티 구성 | 신명균 감수 | 171×220 | 176쪽 | 각 권 8,800원

**2008 한국 기독교 출판 문화상**

화제의 애니메이션을 만화로 구성한 새로운 장르의 어린이 교양서. 바른 인성과 꿈을 키워주는 성경 이야기 속으로 깜찍한 곤충 친구들과 함께 여행을 떠나보자.

---

### 결혼생활의 깊은 문제를 해결하는 기도의 힘
스토미 오마션 지음 | 마영례 옮김 | 신국판 변형 | 312쪽 | 12,000원

크리스천 부부를 위한 심리치유서이다. 자신을 변화시키는 것도 쉬운 일은 아니지만 배우자를 변화시키는 것은 더욱 어려운 일이다. 그러나 기도를 통한 하나님의 능력으로 두 사람 모두 다 변화될 수 있다. 이 책을 통해 삶을 변화시키는 하나님의 기적을 맛보며 결혼생활의 어려움을 기도의 능력으로 회복하기를 바란다.

### 당신에 대한 거짓말을 믿지 마세요
케빈 리먼 지음 | 도희진 옮김 | 신국판 변형 | 264쪽 | 12,000원

당신은 비판적인 눈(critical eye)을 지니고 있지 않은가? 끊임없이 타인을 기쁘게 해주려고 노력하지 않는가? 이것은 삶에서 실패한 완벽주의 패턴을 만든다. 세계적인 심리학자이자 베스트셀러 작가인 케빈 리먼 박사는 이 책을 통해 하나님의 용서를 수용하고 거듭난 성품과 관계를 갖기 위한 실질적 대안을 제시한다.

### 마리아의 영성 갖기
조안나 위버 지음 | 장택수 옮김 | 신국판 변형 | 356쪽 | 12,000원

경건의 모양은 있지만 속마음은 매일 변덕을 부린다. 분명 하나님을 의지하고 있는데, 실제적인 삶의 변화는 없다. 무엇이 문제일까? 저자는 성경 속 '마리아'의 순종과 자신의 경험을 통해 진정한 그리스도인의 영성에 대해 이야기한다. 이 책을 통해 겉모습뿐 아니라 내면 깊은 곳까지 변화되는 자신을 발견할 수 있을 것이다.

---

### 살아 있는 성경 속 역사 이야기
### 사랑스런 쥬디의 이야기 성경 시리즈
CBSi 기획·구성 | 이경택·이은용·성혜은 그림 | 188×240 | 112쪽 | 각 권 11,000원(성경 드라마 CD 포함)

**고급 오디오 성경 드라마 CD 증정**

신·구약 성경 속 인물을 중심으로 펼쳐지는 총 40여 편의 이야기. 어린이들의 기독교적 인성 배양과 창의력 향상을 돕는 성경 동화 시리즈이다.

---

### 나쁜 목사님?
여성훈 지음 | 신국판 변형 | 256쪽 | 9,800원

"우리 목사님 바꿔주세요!" 하고 불평하기 전에 꼭 읽어야 할 책이다. 큰 기대 없이 읽기 시작했다가 점점 빠져들고, 책장을 덮을 때쯤이면 우리 목사님과 우리 성도들이 다르게 보일 것이다. '피식' 웃음이 나오는 이야기, 글썽 눈물이 나오는 이야기를 읽으며 결국 우리가 먼저 바뀌어야 함을 깨닫게 된다. 또한 자신도 모르게 몽글몽글한 사랑이 샘물처럼 솟아나는 것을 느낄 수 있다.

### 쉬운 삶을 거절하라
섀넌 프리미세리오, 마이클 프리미세리오 지음 | 이수정 옮김 | 신국판 변형 | 200쪽 | 10,000원

누구나 꿈을 이루며 살기를 희망한다. 그러나 실제로 그 꿈을 이루는 사람은 매우 적다. 자신과 싸우며 분명한 목표를 가지고 나아가는 사람이 드물기 때문이다. 이 책은 10가지 도전 과제를 제시하고 바로 이것이 우리의 꿈을 변화시킬 수 있는 방법임을 안내해주는, 우리 시대 젊은이들을 위한 인생 가이드이다.

### 마르다의 세상에서 마리아의 마음 갖기
조안나 위버 지음 | 서진욱 옮김 | 신국판 변형 | 360쪽 | 12,800원

세상의 모든 마르다를 위한 영적 성장 지침서. 영성이 빠진 섬김은 우리를 지치고 절망하게 만든다. 반대로 섬김이 없는 영성은 열매가 없는 기적이다. 이 책은 더 깊은 묵상과 예배, 더 헌신된 봉사와 섬김, 이 두 가지를 조화롭게 해나갈 수 있도록, 분주한 삶 속에서도 하나님과 친밀한 교제를 나누는 법을 알려준다.

# 넥서스CROSS

### 하나님의 놀라운 계획
제임스 패커 지음 | 정옥배 옮김 | 4×6판 양장 | 336쪽 | 13,000원

이 시대의 대표적 복음주의자인 저자가 성경에 근거하여 풀어 쓴 책이다. 인생의 굴곡을 통해, 참된 평안과 기쁨의 길로 인도하시는 하나님의 은혜를 느낄 수 있다. 하나님께서 왜 나에게 고난을 주시는지, 하나님의 계획은 무엇인지, 하나님의 뜻은 어떻게 알 수 있는지, 크리스천은 과연 어떻게 살아야 하는지에 대한 의문을 해결해보라.

### 예수님의 사람 학생용 1·2
유기성 지음 | 4×6판 변형 | 각 권 340쪽 내외 | 각 권 15,000원

선한목자교회 유기성 목사가 전하는, 이 땅에서 '그리스도인'으로 살아가는 방법. 이 교재를 통해 십자가의 능력으로 다시 태어나는 제자훈련을 경험할 수 있다. 인도자용과 학생용 페이지를 똑같이 구성하여 소그룹 성경공부를 하는 데 유용하다. 삶 속에 말씀을 적용하여 진정한 예수님의 사람으로 살아갈 수 있도록 소망과 감동을 전해준다.

### 누가 예수 믿으면 잘산다고 했는가
빅터 쿨리진 지음 | 김명화 옮김 | 신국판 변형 | 360쪽 | 13,000원

그리스도인으로서 지키고 따라야 할 것들은 외면한 채 세상의 부와 번영에만 관심을 가지는 사람이 많다. 이 책은 그런 세태를 비판하며 예수님의 진정한 가르침을 보여준다. 예수님의 제자가 되기 위해서는 때때로 불편함을 감수해야 하고 희생을 치르기도 한다. 하지만 항상 곁에서 우리의 짐을 함께 지시는 예수님이 계시니 든든하지 않은가.

### 여성·남성·자녀를 위한 100일 묵상
토머스 넬슨 편집부 엮음 | 마영례 옮김 | 4×6판 양장 | 각 권 220쪽 | 각 권 10,000원

한 구절의 성경말씀이 한 사람의 인생을 바꾼다. 하나님은 말씀으로 살아 역사하시며 우리 삶을 돌보시기 때문이다. 이 책에는 각각 여성, 남성, 자녀에게 꼭 필요한 100가지 말씀이 보석처럼 담겨 있다. 하나님의 음성에 귀 기울이라. 아내가 남편에게, 남편이 아내에게, 그리고 부모가 자녀에게 줄 수 있는 최고의 선물이 될 것이다.

### 하나님의 여행자
브렌트 빌 지음 | 장택수 옮김 | 국판 변형 | 216쪽 | 10,000원

성령은 우리를 하나님께 가는 길로 인도하는 나침반이다. 그리고 우리는 한 치 앞도 예측할 수 없는 인생길을 걷는 여행자이다. 나의 계획을 내려놓고, 거룩한 나침반으로 흔들림 없이 목적지에 도착하라. 성령과 함께하면 하나님이 예비하신 멋진 여행을 즐길 수 있다. 떠날 준비가 되었는가? 나의 지도를 버리고 하나님과 여행을 시작하라.

### 예수님의 사람 인도자용 1·2
유기성 지음 | 4×6판 변형 | 각 권 340쪽 내외 | 각 권 17,000원

선한목자교회 유기성 목사가 전하는, 이 땅에서 '그리스도인'으로 살아가는 방법. 이 교재를 통해 십자가의 능력으로 다시 태어나는 제자훈련을 경험할 수 있다. 인도자용과 학생용 페이지를 똑같이 구성하여 소그룹 성경공부를 하는 데 유용하다. 삶 속에 말씀을 적용하여 진정한 예수님의 사람으로 살아갈 수 있도록 소망과 감동을 전해준다.

### 믿음불패
김학중 지음 | 신국판 변형 | 212쪽 | 10,000원

미국의 기업가 빌 게이츠는 "도전하지 않으면 성공은 없다"라고 말했다. 성경 속 갈렙도 비옥한 땅을 고를 수 있는 상황에서 "험한 산지를 내게 주소서"라고 했다. 인생의 위기에서 좋은 것만 바라고 그것이 주어지지 않았을 때 주님을 원망하지 않았는가? 험한 산지라도 하나님께서 함께하시면 정복할 수 있다는 믿음을 갖자. 도전하는 믿음은 인생의 불황 속에서도 불패하게 만든다.

### 크리스마스 캔들
맥스 루케이도 지음 | 최형근 옮김 | 4×6판 양장 | 148쪽 | 9,000원

25년에 한 번씩 기적이 일어나는 어느 마을에 문제가 생겼다. 천사가 지고 간 양초가 누구의 것인지 아무도 알 수 없게 된 것. 그 비밀은 성탄 전야가 되어야 풀리게 되는데…. 진정한 소망과 용서가 만났을 때 어떤 기적이 일어날 수 있는지 지켜보며, 삭막한 현실 속에서 한 줄기 희망을 발견할 수 있다. 기적을 꿈꾸는 그리스도인을 위한 동화이다.

### 믿음으로 유턴하라
찰스 스탠리 지음 | 김명화 옮김 | 4×6판 양장 | 192쪽 | 9,000원

매번 같은 문제로 넘어지는가? 과연 하나님의 인도하심을 받고 있는지 의문스러운가? 그렇다면 앞이 보이지 않는 지금이 바로 인생의 방향을 전환할 때이다. 더 이상 마음의 '이기적인 갈망'에 기대지 말고 '하나님의 신호'에 순종하라. 이 책은 인생의 터닝 포인트가 필요한 당신에게 믿음의 도전을 줄 것이다.

### 딱! 50일에 끝내는 성경통독
신현주 지음 | 4×6판 | 412쪽 | 17,000원

단 50일에 성경 66권을 완전 통독하도록 안내하는 성경 읽기 길잡이. 신·구약의 핵심을 짚는 체계적 해설과 문제로 성경을 실제로 읽어나가도록 돕는다. 개별통독뿐 아니라 50주 소그룹 스터디, 전 교인 학습용으로도 활용 가능하다. 현장감 있는 100여 컷의 고고학 사진과 성서지도, 성서연대표가 함께 수록돼 있다.

### 하나님, 같이 갑시다
장경동 지음 | 신국판 변형 | 192쪽 | 10,000원

반복되는 실패로 '하나님은 나를 사랑하지 않으신다'라고 생각하는 자, 교회는 다니지만 예수를 믿지 않는 자, 죄의 문턱을 넘지 못하고 매번 같은 실수를 저지르는 자, 모두 마음속에 본질을 잃은 사람이다. 믿음의 본질을 회복한 사람만이 승리할 수 있다. 넘어진 당신을 일으켜 세우시는 하나님과 함께 걸어가라.

### 천사 이야기
맥스 루케이도 지음 | 최형근 옮김 | 4×6판 양장 | 84쪽 | 8,000원

이 땅에 예수님이 오시기까지 하늘에서 무슨 일이 일어났을까? 저자는 성경에 근거한 탁월한 상상력을 바탕으로 하나님의 권세와 사탄의 세력이 대적하는 예수 탄생의 숨은 이면을 동화 형식으로 풀고 있다. 천상에서 지상으로 이어지는 장대한 스펙터클을 따라가다 보면 자신도 모르는 사이에 진리의 세계에 발을 들여놓는 놀라움을 경험할 수 있다.

### 관계 필터링
게리 스몰리 지음 | 김태오 옮김 | 신국판 변형 | 184쪽 | 9,000원

삶이 잔뜩 꼬인 것 같고 더 이상 비전이 없어 보이는가? 나만 힘든 일을 겪는 것 같아 불평불만이 그칠 날이 없는가? 아직도 자기중심적인 삶에서 벗어나지 못하고 매사에 짜증이 난다면, 이 책에서 제시하는 방법을 통해 하나님과의 관계를 점검하고 그분을 삶의 중심으로 모시라. 하나님과의 관계가 회복되면 우리 삶도 회복될 것이다.

### 만화 열방기도정보 1·2
김종두 글·그림 | 패트릭 존스톤 추천 | 기도 24·365 본부 감수 | 크라운판 | 각 408쪽, 2권 396쪽 | 각 권 20,000원

하나님 나라의 부흥과 선교 완성을 위한 24·365 기도지침서. 하나님 나라의 부흥과 세계 선교 완성은 하나님의 꿈이자 크리스천의 지상과제이다. 1년 365일, 열방을 품고 기도할 수 있도록 구성된 이 책은, 만화로 짜인 만큼 어린이든 어른이든 소망하는 사람이면 누구나 열방의 파수꾼으로 설 수 있게 도움을 준다.

### 뭐가 되려고 그러니?
원 베네딕트 지음 | 신국판 변형 | 176쪽 | 9,000원

열정으로 가득 찬 저자가 꿈이 없이 지쳐가는 청년들을 위해 제시한 사명선언문이다. 아무것도 하지 않고 주저앉아 있을 것인가? 믿음으로 침체된 자아를 넘고 당신을 유혹하는 세상을 넘어라. 그리고 그 자리에서 비전으로 일어서라. 이 책을 통해 믿음을 붙들고 사는 삶이 얼마나 능력 있고 멋진 일인지 깨닫게 될 것이다.

### 변화
릭 매키리 지음 | 장택수 옮김 | 국판 변형 | 208쪽 | 9,000원

만약 이 세상에서 하나님의 나라를 경험할 수 있다면, 그 삶을 택하겠는가? 이 책은 우리에게 이 땅에서 천국을 보여주는 삶을 살라고 권고한다. 또한 세상의 거룩한 영향력을 미치지 못하고 있는 그리스도인의 삶에 대해 안타까움을 전하며, 삶의 실체적인 변화를 촉구하고 있다. 하나님의 통치가 이뤄지는 그곳까지가 바로 천국, 하나님 나라이다.

## 원 베네딕트 선교사의 청년·비전 시리즈

**꿈이 없는 청년을 위한 사명 선언문**
# 지금, 그 자리에서 비전으로 일어서라!

열정으로 가득 찬 저자가 꿈이 없이 지쳐가는 청년들을 위해 제시한 사명 선언문이다. 아무것도 하지 않고 주저앉아 있을 것인가? 믿음으로 침체된 자아를 넘고 당신을 유혹하는 세상을 넘어라. 그리고 그 자리에서 비전으로 일어서라.

**크리스천 청년을 향한 사명 선언문**
### 뭐가 되려고 그러니?
원 베네딕트 지음 | 신국판 변형 | 176쪽 | 9,000원

---

**하나님을 향한 믿음의 '끈'을 잡아라**
# 당신도 야곱에서 이스라엘이 될 수 있다!

야곱은 이스라엘로 변화되기까지 20년 동안 광야에서 혹독한 훈련을 받았다. 당신 또한 믿음의 끈을 붙잡고 기도하라. 하나님은 당신의 크고 작은 문제를 해결해 주시고 당신을 사용하기 원하신다. 그분을 믿고 따르라!

**크리스천 청년을 위한 영적 성장 지침서**
### 넌 이제 야곱이 아니야
원 베네딕트 지음 | 4×6판 양장 | 140쪽 | 11,000원

---

## 김학중 목사의 세인트북 시리즈

**불가능하다는 생각을 버리고**
# 믿음으로 불황을 돌파하라!

갓피플 부문베스트 선정 ★★★★★

**불황을 뚫고 나가는 힘 믿음불패**
김학중 지음 | 212쪽 | 10,000원

### 세인트북 시리즈 출간 예정

**비전 불패** 비전을 품어라. 하나님의 축복이 꿈꾸는 자 가운데 임할 것이다.
**말씀 불패** 말씀으로 준비하라. 하나님은 예배의 성공자를 세상의 성공자로 만들어주신다.
**도전 불패** 도전을 펼쳐라. 하나님은 1%의 가능성에도 투자하시는 분이시다.
**소망 불패** 소망을 불들라. 믿고, 순종하는 자에게 하나님은 완전한 삶을 이뤄주신다.

---

**내 생각을 뒤집어놓은 예수님의 행복 기준**
# 하늘의 진정한 복을 누리기 원하는가?

원 베네딕트 선교사가 전하는 산상설교의 팔복 말씀. '이 땅에서 진정한 행복을 누릴 수는 없는 걸까' 고민했던 모든 크리스천 청년을 위한 책이다. 세상이 말하는 성공이 아닌 예수님 말씀을 통해 진짜 행복을 누리는 8가지 방법을 들어보자.

**예수님이 알려주신 참 행복의 8가지 비밀**
### 너, 정말 행복하니?
원 베네딕트 지음 | 4×6판 양장 | 156쪽 | 10,000원

---

**젊은이들이여, 이 시대의 아모스가 되어라**
# 절망으로 가득한 이 땅에 희망을 전하라!

하나님의 부르심을 받은 젊은이들이 따라야 할 실제적 행동 지침. 눈앞의 문제에서 시선을 옮겨 주변을 돌아보라. 당신을 이곳에 보내신 하나님의 뜻이 무엇인지 분별해야 한다. 하나님의 눈으로 그분의 사랑과 정의가 세상에 선포된다.

**크리스천 청년을 위한 행동 지침서**
### 하나님의 짐을 진 사람, 아모스
원 베네딕트 지음 | 4×6판 양장 | 216쪽 | 11,000원

---

## 넥서스CROSS

넥서스CROSS는 문서 사역을 통해 하나님을 알고(know), 하나님을 알리는 데(knowing) 가치를 둔 넥서스의 기독브랜드로 이 시대 기독교 지성을 대변하는 축복의 통로가 되어 순수 복음만을 담아냅니다.

### 단행본

- 영적 성장
- 성경 교재
- 청년·비전
- 자기 계발

## NEXUS